SOPHIE WINTER

FILOU
EIN KATER AUF ABWEGEN

SOPHIE WINTER
FILOU

EIN KATER
AUF ABWEGEN

ROMAN

MIT ILLUSTRATIONEN
VON BEATE FAHRNLÄNDER

PAGE &~ TURNER

Verlagsgruppe Random House FSC-DEU-0100
Das FSC®-zertifizierte Papier *EOS* für dieses Buch
liefert Salzer, St. Pölten.

Page & Turner Bücher erscheinen im
Wilhelm Goldmann Verlag, München,
einem Unternehmen der Verlagsgruppe
Random House GmbH.

2. Auflage
Copyright © 2011 by Cora Stephan
Copyright © 2012 by Page & Turner Verlag, München,
in der Verlagsgruppe Random House GmbH
Dieses Werk wurde vermittelt
durch die Michal Meller Literary Agency GmbH, München.
Innenillustrationen:
© Beate Fahrnländer / die KLEINERT.de
Gesetzt aus der Janson-Antiqua
Druck und Einband: Friedrich Pustet KG, Regensburg
Printed in Germany
ISBN: 978-3-442-20397-0

www.pageundturner-verlag.de

EINS

Filou war der größte und prächtigste, der angesehenste Kater von Beaulieu. Er war ein Kater im Glück.

Jeden Morgen weckten ihn die zärtlichen Liebkosungen der schönsten Katze der Welt. Jeden Morgen, nachdem er sich geputzt und gereckt und gestreckt und mit den beiden Kleinen gespielt hatte, damit sie auch einmal so prächtig würden wie er, schritt er gravitätisch den Flur entlang zur Küche, wo ihn jeden Morgen seine ergebenen Menschen erwarteten. Marla, sein kleiner Liebling mit den großen braunen Augen, die ihn herzte und liebkoste. Ihre Mutter, die strenge Ivonne, die ihm kniefällig das Essen servierte. Und Frederick, dem er zur Begrüßung den Kopf in die bereitwillig geöffnete Hand stupste, obwohl Marlas Vater nach Autowerkstatt roch.

Jeden Morgen, nachdem er gespeist hatte, führte ihn der Weg hinaus ins Dorf. So auch heute wieder: zur Place de la Patrie, vorbei am Kriegerdenkmal, vor dem der weiße Mops Fidel lag, als ob man ihn angeleint hätte. Dort lag er immer, wenn sein Herrchen, nachdem er die Zeitung gekauft hatte, im Café noch ein Schwätzchen hielt. Der Mops behauptete von sich, das Geheimnis innerer Ausgeglichenheit zu kennen, aber Filou war sich nicht sicher, ob er nicht eher Mitleid verdiente.

»Ahhhh«, gähnte der Dicke und zeigte kleine spitze Zähne. »Che bella figura! Hier kommt der schönste Kater von Beaulieu!«

»Guten Morgen, Erleuchteter!« Filou gab ihm einen Nasenstupser. »Du weißt doch: Auf die inneren Werte kommt es an! Und wer könnte da mit dir konkurrieren?«

Dann schlenderte er weiter. Heute war keine Zeit für ästhetische Betrachtungen oder philosophische Weisheiten, zu denen Fidel neigte. Heute brauchte Filou ein Bad in der Menge.

Mit erhobenem Schweif tänzelte er am Petanque-Platz vorbei, wo die alten Männer des Dorfes mit ihren Bällchen spielten, als ob sie Welpen wären. Dann auf die Grande Rue, ein großer Name für einen eher bescheidenen Verkehrsweg. Groß waren nur die Gerüche, die sich dort ballten, und jeder erzählte seine eigene Geschichte.

Beaulieu war ein Dorf der Düfte, zu jeder Jahreszeit dominierten andere, aber am meisten begrüßte Filous feiner Geruchssinn das Frühjahr, an einem Tag wie diesem. Die Morgensonne hatte alles Duftspendende behutsam erwärmt, das nun ein lauer Wind sammelte, bündelte und vor seine Nase wehte. Die Mimosen waren fast verblüht, aber ihr schwerer Duft gab noch immer die Kopfnote ab. Schon mischten sich die porzellanweißen Blüten des Steinlorbeers ein. Darunter lag der Geruch von Mandelblüten und Narzissen. Von aufbrechender Erde und frischen Gräsern. Und noch eine Ebene tiefer spielten sich die ganz großen Erzählungen ab, wahre Chroniken Beaulieus.

Am Blumenkübel, dort, wo die Grande Rue auf die Rue des Fleurs stieß, erfuhr man alles, was man wissen musste. Hier pflegten die Vierbeiner des Dorfes Mitteilung zu machen. Simple Gemüter beschränkten sich auf »Ich war hier« – eine der häufigsten und zugleich dümmsten Botschaften, aber vor allem bei Hunden sehr beliebt. Fidel allerdings war anders. Der pflegte seine Nachrichten in Form eines feingetuschten Haiku zu übermitteln. So war der Mops eben: Schlicht konnte er nicht.

Das schrillste Signal von allen lautete: »Bleib weg, wir brauchen dich hier nicht!«, Das war die Sprache, die Filou nur zu vertraut war. So markierten Garibaldi und Diabolo ihr Revier. Zusammen mit Maurice bildeten sie das Trio infernale Beaulieus: »Groß, schwarz, stark – mehr Kater braucht es nicht!«, lautete ihr Kampfruf. Nachdem der große weise Magnifico gestorben war, hatten sie sich ihr Revier aufgeteilt. Der einäugige Garibaldi, stark, aber dumm, kontrollierte den unteren Teil der Grande Rue. Diabolo hatte sich schlauerweise den oberen Teil reserviert, da, wo jeden Mittwoch der Markt abgehalten wurde, ein Festtag für alle Katzen des Sprengels, die oft von weither angepilgert kamen, um über die Reste herzufallen, die kurz vor Schluss am Käse- oder Fischstand serviert wurden. Maurice war sich zu fein für derlei, er flanierte lieber durchs Dorf und ließ sich von den Touristen verwöhnen.

Mich betrifft das alles nicht mehr, dachte Filou, ich hab es besser. Und doch: Er erinnerte sich plötzlich fast wehmütig an die alten Zeiten, als er noch in der Rue Basse wohnte, im Kellerloch bei Lucrezia, und um jeden Happen kämpfen musste. Lucrezia, bequem und listig, wie sie war, hatte das längst vergessen, seit auch sie bei Marlas Familie in Saus und Braus lebte.

Zwischen all den Botschaften witterte er seine eigene Spur, und die war unmissverständlich, denn sie hieß ganz schlicht: Hier ging Filou vorbei, der größte und prächtigste, der glücklichste Kater von Beaulieu. Stolz hob er seinen Schweif, bauschte ihn und setzte eine frische Duftmarke neben die alte. Dann stellte er den Schwanz auf wie einen Laternenmast, gab der Spitze eine gewagte kleine Drehung, die aller Welt zeigte, wer er war und wie es ihm ging, und schlenderte weiter zur nächsten Quelle des Wohlgeruchs: zum Bäcker.

Schon nach ein paar Schritten die Straße hoch rollte ihm die Duftwolke entgegen, umarmte ihn, streichelte ihn, neckte ihn. Filou reckte sich vor Vergnügen, während er den Duft der Baguettes und Ficelles sorgfältig von dem der Croissants und Brownies trennte. Kurz

dachte er an einen Besuch bei Madame, an ein Stückchen Baguette und weiche, liebkosende Hände. Aber er riss sich zusammen. Er hatte zu tun.

Aber was genau? Vor Brunos Bar blieb er stehen und versuchte, einen klaren Gedanken zu fassen. Die Gerüche hier überwältigten ihn – so musste die Hölle riechen, nach scharfer Männerpisse, ranzigem Frittieröl, kaltem Zigarettenrauch und abgestandenem Rotwein. Aber irgendetwas hielt ihn hier fest. Irgendetwas. Und es war nichts Gutes. Irgendetwas schob sich heran wie eine dunkle schwarze Wolke. Kam näher. Immer näher.

War da. »Verpiss dich, du kleiner Streuner!«, rief eine hässliche laute Männerstimme. »Mach dich fort, Faulpelz!« Eine kreischende Frau. Beide kamen in rasender Geschwindigkeit auf ihn zu, mit fuchtelnden Fäusten. Was wollten die Fremden? Wer waren sie? Was war hier eigentlich los?

Filou beschloss, nicht auf die Auflösung des Rätsels zu warten, und sprang auf. Keine Sekunde zu früh: Denn jetzt kamen immer mehr Kreaturen auf ihn zu, nicht nur Menschen, auch Ratten. Katzen. Hunde! Er lief um sein Leben. Lief und lief. Und lief. Doch die anderen kamen immer näher, umhüllt von einer schwarze Wolke, aus der es fauchte und kreischte und schrie. »Hau ab, du Flohfalle! Du gehörst nicht zu uns!«

»Was wollt ihr?«, keuchte er. Doch jetzt war die schwarze Wolke über ihm und senkte sich herab. Es wurde rabenschwarz, die Geräusche der Welt drangen nur gedämpft und wie aus weiter Ferne zu ihm hindurch. Er drohte zu ersticken. Und um ihn herum die Stimmen. Zischeln, Fauchen. Feindselig und abgrundtief böse. All seine Muskelfasern zogen sich zusammen, sein Körper spannte sich, er wollte weg, er musste weg, er ...

»Dickerchen! Wach auf! Du zuckst mit den Läufen, als ob dich der schwarze Hund jagt!«

Jemand biss ihn ins Ohr. Filou hob blitzschnell die Pfote, wollte zuschlagen.

»Nun beruhige dich!«, gurrte die Stimme. »Alles ist gut! Ich bin ja bei dir!« Eine starke Zunge leckte ihm die Ohren und streichelte sanft seine Lider. Er öffnete sie und blickte in die schönsten Augen der Welt. Große schwarze Pupillen in warmem Bernstein. Darunter das rosa Dreieck der hübschesten Nase, die er kannte.

»Ich habe geträumt«, flüsterte er.

»Das muss ein Albtraum gewesen sein, mein Dickerchen«, schnurrte Josephine und kuschelte sich an ihn. »Schlaf wieder ein und träum was Schöneres. Bis zum Frühstück ist noch viel Zeit.«

ZWEI

Dickerchen. Sie hatte ihn Dickerchen genannt. Filou wachte wie gerädert auf, an seinen Traum erinnerte er sich nicht mehr, nur daran, dass man ihn verfolgt hatte, aber er wusste noch genau, was Josephine in der Nacht gesagt hatte. Dickerchen.

»Bin ich – zu dick?«, fragte er sie, während sie Toilette machte.

»Zu dick? Wie kommst du denn darauf, Dummerchen? Du bist gerade richtig. Weich und warm. Schön kuschelig.« Sie leckte ihm zärtlich über die Nase.

Doch Filou war der Appetit vergangen. Er folgte Jo und den beiden Kleinen in die Küche und ließ heldenhaft seinen gefüllten Fressnapf stehen, auf den sich Monpti stürzte, als wäre er eine halbverhungerte Waise. Unbemerkt von seiner schleckenden und schmatzenden Familie schlich er sich hinaus, um die Angelegenheit zu untersuchen und gegebenenfalls angemessene Schlüsse aus dem Befund zu ziehen.

Er durchquerte die Wiese zwischen dem Mimosenbaum und dem Lorbeer auf taufeuchtem Gras und lief hinüber zur Hecke, die zum Nachbargrundstück führte. Er war ewig nicht mehr hier gewesen – nicht, seit sie im Winter durch meterhohen Schnee hindurchgekrochen waren, er und Josephine und die beiden Kleinen, kurz vor dem Hungertod. Das Loch war bestimmt noch nicht ganz wieder zugewachsen. Hier konnte er überprüfen, ob er wirklich schon zu dick war. Wenn er sich nicht mehr hindurchzwängen konnte, dann …

Dann hat das Wohlleben mich die Freiheit gekostet, dachte er und suchte nach dem Weg, den sie sich damals gebahnt hatten. Er hatte ihn entdeckt, als er noch ein mutterloses Kätzchen war, das in einem feuchten Keller hauste und sich von Lucrezia terrorisieren ließ, der listigen silbergrauen Katze, von der er geglaubt hatte, dass er ihr sein Leben verdankte. Es war der Weg zu Marla gewesen. Der Weg ins Paradies.

Die Hecke aus Steinlorbeer duftete, die Blätter waren weich und die Zweige biegsam. Doch er passte nur mit größter Mühe noch hindurch. Es stimmte also: Er hatte zugenommen. Zu viel. Schwer atmend trat er den Rückzug an und schlich zu seinem Lieblingsplatz, auf das Bett aus duftenden Blüten, das er unter dem Mimosenbaum zusammengescharrt hatte. Und jetzt kam der zweite Test. Ob er wohl seine Flanken noch bequem mit der Zunge erreichte? Ja. Auch das ging noch. Katzen, die ein Heim mit festen Mahlzeiten hatten und zu dick geworden waren, trugen oft verfilzte Fellplacken an den Hinterläufen, weil sie dort mit der Zunge nicht mehr hinkamen. »Wohlstandsverwahrlost« hatte Lucrezia das genannt, damals, als sie beide aus schierer Not rank und schlank waren.

War es bereits so weit? War er auf dem besten Weg, ein Opfer des guten Lebens zu werden?

Er schob die Nase in die trockenen gelben Blüten. Hier, unter dem Mimosenbaum, hatte alles angefangen. Hier hatte er zum ersten Mal die feine helle Stimme vernommen, die zu einem kleinen Mädchen mit braunen Augen unter hellen Wimpern gehörte.

»Höher!«, hörte er die Stimme rufen. »Ja! Fang den Ball!«

Er spitzte die Ohren und hob den Kopf. Vielleicht war das die richtige Idee. Was sagte Marlas Maman, Ivonne, wenn Frederick sich darüber beklagte, dass er zugenommen hatte? »Bewegung, mein Lieber! Das ist das Einzige, was hilft!«

Wie der Mensch, so die Katz. Filou erhob sich, dehnte und streckte sich und schüttelte die gelben Blüten aus seinem Pelz. Dann trabte er hinüber zur Wiese.

Etwas Rotweißblaugestreiftes raste auf ihn zu, gefolgt von einem roten Kugelblitz, der ihn fast gerammt hätte. Filou fauchte und buckelte. Aber es war nur Monpti, der ihn glatt übersehen hatte und nun mit stolz wehendem Schweif zurück zu Marla trabte, etwas Buntes im Maul, das Filou bekannt vorkam. »Na warte«, dachte Filou. »Das ist *mein* Bällchen.«

Er schlich sich näher heran. Marla hockte neben Mabelle und hielt Monpti die Hand unters Maul, der sich kokett weigerte, ihr das Bällchen zu überlassen. Wie groß die beiden Kleinen geworden waren in den letzten Monaten. Irgendwie hatte er das gar nicht richtig mitbekommen. Monpti war rot wie er. Und Mabelle hatte die gleichen Farben wie Josephine – Weiß mit Schwarz und Rot. Und den feinen roten Streifen auf der Nase. Wie schön sie schon war. Und Monpti, der Frechdachs? Er könnte meiner sein, dachte Filou und betrachtete den Kleinen liebevoll, der endlich das Bällchen fallen gelassen hatte und nun gebannt zusah, wie es auf Marla zurollte.

»Aufpassen!«, sagte das Mädchen, griff nach dem Ball und täuschte den nächsten Wurf vor. Zitternd vor Anspannung wartete Mabelle, während Monpti voreilig lossprang.

»Früher bin ich bis zur Wäscheleine gekommen«, dachte Filou und spannte die Muskeln an. Als Marla endlich warf, schnellte er hoch, drehte sich im Sprung, sah den Ball hoch oben kreiseln, spürte eine Bewegung an seiner Flanke und merkte noch, wie Mabelle an ihm vorbeizog. Dann plumpste er unelegant zu Boden.

»Filou! Hast du dir wehgetan?« Marla war sofort bei ihm. Aber das passte ihm überhaupt nicht. Erst recht nicht, dass Mabelle, die mit dem Bällchen im Maul neben ihm gelandet war, das Ding mit der Pfote zu ihm hinüberstupste. Gönnerhaft, bildete er sich ein und schlich beschämt davon.

Nichts konnte ihn trösten. Du musst dein Leben ändern, dachte er.

DREI

Er wusste nicht, wofür er sich bereitmachte. Er wusste nur, dass er es tun musste.

»Wo bist du eigentlich den ganzen Tag?«, quengelte Josephine. »Und die halbe Nacht? Du treibst dich herum!«

»Ich erzähl's dir später, ja?« Er legte ihr sanft die Vorderpfote um den Hals mit der weißen Pelzkrause und biss sie zärtlich in den Nacken. »Jetzt muss ich.« Er knuffte Monpti in die Seite und leckte Mabelle die Nase. Dann machte er sich auf den Weg, bevor Marla aufwachen und sich besorgt über ihn beugen konnte.

Ivonne kümmerte sich glücklicherweise mehr um Lucrezia als um ihn. Und vor allem kümmerte sie sich um ihre Bilder, die sie wie eine Besessene malte und die überall herumstanden und übel rochen. Und wehe, man kam in ihre Nähe! Entweder brach sie in ein entsetzliches Gezeter aus oder man blieb an den Dingern hängen und verlor sein halbes Fell, wenn man sich wieder losriss.

Frederick war die meiste Zeit in seiner Autowerkstatt und wollte keine »Weiberdebatten«, wenn er nach Hause kam. Der hatte eine ganz einfache Erklärung dafür, dass Filou seinen Fressnapf meistens stehen ließ.

»Der Junge hat Frühlingsgefühle, glaub mir«, hatte er Ivonne gestern zugeflüstert. Wobei alles darauf hindeutete, dass in Wahrheit Frederick von Frühlingsgefühlen befallen war. Marla hatte sofort protestiert. »Filou hat doch Josephine! Filou ist treu!«

Treu wie Gold, dachte Filou, that's me. Treudoof. Ein Langweiler. Ein fauler Sack. Ein Wohlstandsverwahrloster. Und dagegen musste er etwas tun.

Sein Programm war anspruchsvoll und duldete kein Publikum. Er zwängte sich ein weiteres Mal durch die Hecke, durchquerte den Nachbargarten, fand einen halbwegs bequemen Durchgang in der stachligen Ligusterhecke auf der anderen Seite, lief zur Place de la Patrie und am Kriegerdenkmal vorbei, grüßte im Vorbeilaufen Fidel und rannte dann schnurstracks hinunter zu seinem alten Quartier. Die Ruelle des Camisards lag noch im Schatten. Als er ans Haus von Maxim und Manon gelangte, dem Schrecken seiner Jugendzeit, wäre er fast wieder umgekehrt. Als ob er noch ein kleiner furchtsamer Kater wäre! Er riss sich zusammen, richtete sich stolz auf und stolzierte auf Yapper zu, den Dackel, der vor dem Haus auf der Treppe lag und döste, neben sich das rosa Strickpüppchen, das er immer bei sich trug. Gleich würde das Geknurre und Gekläffe losgehen. Doch Yapper hob noch nicht einmal den Kopf, als Filou vorbeitänzelte. Er war alt geworden.

Endlich Frieden! Herrlich. Einerseits. Andererseits: Wenn schon Yapper keinen Lebensmut mehr zeigte …

»Man wird alt und schwach und stirbt«, hatte ihm Lucrezia einst erklärt, mit der ihr eigenen Abgebrühtheit. »Wann?«, hatte er sie damals gefragt. »Wann wird man alt? Nach dem Sommer?« Dann starb alles ab, das wusste er, die Blumen und das Gras. Das Laub verfärbte sich, schrumpelte, fiel von den Bäumen. Keine Schmetterlinge und Mauersegler mehr. Und überall der Geruch nach Moder und Verfall. Aber mittlerweile hatte er nicht nur einen Sommer überlebt, sondern auch einen Herbst und einen Winter. Wann also war es so weit? War seine verminderte Sprungkraft wirklich schon der Anfang vom Ende?

Er bog um die Ecke in die Rue Basse. Links stand das Haus, in dem er nach dem Tod seiner Mutter groß geworden war. In einem Kellerloch, bei Lucrezia, die ihn aufgesammelt hatte. Sie pflegte auf der Kohlenkiste zu thronen, auf einem Sack, er schlief auf einem Weinfass, von dem man runterrollte, wenn man nicht aufpasste. Ob das alles noch so aussah wie damals?

Er bremste in vollem Lauf. Das Haus, sein Haus, ihr Haus war verschwunden. An seiner Stelle ragte ein Haus aus hellen Steinen empor, die Fugen zwischen den dicken Quadern sorgfältig verputzt. Und dort, wo das Kellerfenster gewesen war, ihr Ein- und Ausstieg…

Er schob den Kopf vor und blinzelte. Endlich begriff er. Das Kellerfenster war noch immer da, aber es war kein dunkles Loch mehr. Es hatte ein Fenster erhalten, und das stand nicht mehr offen. Und das neue

Haus war das alte Haus, auch wenn es nicht mehr vertraut roch.

»Sie rauben uns den Lebensraum«, hatte der große alte Magnifico damals bei jedem Haus ausgerufen, an dem sich Menschen zu schaffen gemacht hatten. Es fing damit an, dass sie die bequemen alten Matratzen und Säcke, das Stroh und die Lumpen herausräumten. Dass sie Tapeten herabrissen und verfaulte Holzböden beseitigten. Dass sie putzten und säuberten und die vertrauten Gerüche tilgten. Die neugemachten Häuser rochen scharf, nach Mörtel und Farbe. Und, was das Schlimmste war: Alle hatten gut schließende Fenster und Türen.

Filou setzte eine Protestmarke an die Hausecke, eilte über die Straße und sprang über die Mauer, hinter der die Gemüsegärten lagen. Es roch nach frisch bearbeiteter Erde, noch feucht vom Morgentau. Er konnte nicht widerstehen und stürzte sich voller Lust auf ein feingeharktes Beet, kratzte und wühlte, dass die Brocken flogen, bevor er einen sauberen und, wie er nach vollendeter Tat feststellte, wohlriechenden Haufen hineinsetzte, den er sorgfältig wieder zuschüttete. Warum ihn der alte Mann beschimpfte und bedrohte, der in diesem Moment durch die Pforte in den Garten trat, konnte er beim besten Willen nicht nachvollziehen. Was mussten sich die Menschen immer so anstellen? Er hatte schließlich alles so gemacht, wie es sich gehört.

Vorsichtshalber machte er, dass er davonkam. Hinter den Gärten führte ein gepflasterter Hohlweg den Hang hinauf. Hier war es kühl und feucht, selten drang die Sonne bis auf die bemoosten Steine vor, die schon seit unvordenklichen Zeiten hier liegen mussten, sie waren rund und glatt getreten von Menschenfüßen und Katzenpfoten. Und von Eselshufen. Frederick hatte eines Abends am Kamin von den Maultieren erzählt, die früher hier entlanggekommen waren, beladen mit allerlei guten Dingen. Die Maultierpfade führten quer durch die Cevennen, vom Süden zum Norden, und Filou wurde ganz schwindelig, wenn er daran dachte, dass die Tiere und Menschen Tage und Wochen und Monate unterwegs gewesen waren. Wie hielten die das aus? Reisen war nichts für ihn, hatte er nach einem Besuch beim Tierarzt beschlossen, für den man ihn in einen Korb gezwängt und ins Auto geschleppt hatte, in einen entsetzlich lauten, engen und übelriechenden Kasten.

Endlich endeten die Mauern rechts und links des Pfades, noch wenige Meter, und er war am Ziel – auf dem Roche du Diable. Von hier aus überblickte man ganz Beaulieu. Und hier oben war man meistens allein.

Nur heute nicht.

Er bemerkte die beiden Menschen erst, als er fast vor ihnen stand. Sie sprachen kein Wort, was ungewöhnlich war. Normalerweise konnten Menschen nicht lange stillsitzen und den Mund halten, im Unterschied zu Katzen.

Es war ein Mann, der dort saß, den Rücken an einen der Felsen gelehnt. Der Roche du Diable bestand aus einer Felsspitze, hinter der eine Art Plateau lag, auf dem drei große Bäume standen, die ihre Äste über einen Kreis aus neun Steinen reckten. Ein magischer Ort. Der Mann hatte die Arme um eine Frau gelegt, oder war es ein Mädchen? Ganz ausgezehrt und bleich sah sie aus. Und … Filou stockte der Atem. Sie hatte keine Haare. War sie tot?

Aber nein. Sie regte sich. Sie sagte etwas. Es klang wie »Das letzte Mal«. Dann stand sie auf, unbeholfen, schwankend, der Mann versuchte, ihr zu helfen, aber sie schaffte es allein. Doch als die beiden den Weg nach unten einschlugen, ließ sie sich von ihm stützen.

Filou legte sich neben einen der Steine, auf eine duftende Matte aus Thymian, und dachte nach. War die Frau am Verwelken? War das – Sterben? Er musste die Angelegenheit mit Fidel besprechen. Der Mops hatte zwar seltsame Ansichten und Angewohnheiten – wer trug einem »Herrchen« schon freiwillig das Zeichen der Knechtschaft hinterher, die Leine? Aber er war das schlauste Wesen, das er kannte.

Endlich riss er sich aus seinen fruchtlosen Gedanken. Es gab ein Leben vor dem Tod, und das wollte er auskosten. Filou sprang auf den größten der Steine, der ihm genug Fläche bot, und begann sein Programm. Wie um ihm zu helfen, flogen Bienen und Schmetterlinge heran, nach denen er springen konnte – natürlich ohne eine der Kreaturen zu fangen. Er war kein Jäger.

Selbst die Vögel schienen zu begreifen, was er wollte, und flogen in Reichweite seiner Tatzen über ihn hinweg. Er sprang und drehte sich und tanzte, bis die Sonne so weit hochgekrochen war, dass sie durch das Dach aus frischem jungem Laub dringen konnte. Dann legte er sich in den Schatten eines der Steine und döste.

Und tauchte ein in eine graue Welt, an deren Ende eine schwarze Wolke aufstieg, die sich in rasendem Tempo näherte. Jetzt erinnerte er sich wieder an den Albtraum. Etwas Finsteres zog herauf. Etwas Böses. Es wollte ihm alles nehmen, was ihm lieb war. Josephine. Und Monpti und Mabelle. Marla. Ivonne und Frederick. Selbst der Gedanke, Lucrezia zu verlieren, tat plötzlich weh. Er musste etwas tun. Kämpfen. Sich gegen die Wolke stemmen. Sie in die Flucht schlagen.

Endlich wachte er vom eigenen Knurren und Fauchen auf. Und vom Zucken seiner Läufe.

VIER

»Es ist ein großartiges Angebot. Ich kann es noch gar nicht glauben.«

Die Familie saß beim Abendessen. Filou lag völlig erschöpft auf seinem Lager neben dem Kamin und ließ es zu, dass Mabelle und Monpti mit seinem Schwanz spielten, obwohl sie langsam zu alt waren für kindische Spielchen. Gabeln klapperten auf den Tellern, Messer schabten, Gläser klirrten. Er liebte diese Geräusche. Wenn die Familie zusammensaß und aß, war die Welt in Ordnung. Nur eine musste heute stören: Ivonne. Sie redete schon die ganze Zeit, sie redete und redete. Wer redet, kann nicht essen, dachte er, hob kurz den Kopf. Dabei roch das gar nicht schlecht, was da auf dem Abendbrottisch stand. Aber essen war kein Thema, ermahnte er sich und ließ den Kopf ermattet wieder sinken.

»Es ist eine Riesenchance, Frederick, Marla. Für mich könnte das der Durchbruch sein.«

Durchbruch. Auch so ein Wort, das nicht gut klang.

»Liebes, ich freue mich so für dich.« Frederick. Und Marla? Marla sagte gar nichts.

»Du meinst, ich soll zusagen?« Ivonne schien unsicher zu sein. Das kennt man gar nicht von ihr, dachte Filou, legte sich die Pfote übers Ohr und versuchte, Ivonnes Stimme auszublenden.

»Aber natürlich! Schatz, du musst mit beiden Händen zugreifen! So eine Chance kommt vielleicht nicht wieder!«

»Es wäre erstmal nur für zwei Jahre. Ich bekäme ein Atelier. Und eine Ausstellung. Und ein Stipendium. Aber wer weiß …«

»Eben. Wer weiß, was noch passiert. Ich bin ja so stolz auf dich!«

Stille. Dann ein sanfter Schmatzer. Filou spitzte die Ohren. Wenn Frederick seine Frau küsste, konnte sie wenigstens nicht reden. Das war gut. Das war sehr gut.

»Der Haken ist nur …«

Schon wieder vorbei mit dem Frieden.

»Es bedeutet natürlich für uns alle eine große Veränderung.«

Veränderung? Was für ein hässliches Wort. Katzen lieben keine Veränderung. Kein Möbelrücken, keine Überraschungen, keinen fremden Besuch. Schlimm genug, dass es Jahreszeiten gab.

»Ich müsste für mindestens zwei Jahre nach Paris gehen.«

Ach so. Wenn es mehr nicht ist. Geh du nur, dachte Filou und gähnte.

»Ohne uns? Das lasse ich nicht zu!« Frederick.

»Aber …« Marla. Sie klang verzweifelt. Filou hob

ruckartig den Kopf und setzte sich auf. Wer Marla traurig machte, war sein Feind.

»Kann ich euch das zumuten? Marla müsste die Schule wechseln. Neue Freunde finden.«

»Aber …« Entsetzen in Marlas Stimme. Filou schlich sich unter den Esstisch, wo er sich an ihr Bein schmiegte.

»Stell dir vor, Marla, mein Schatz! Paris!«, sagte Frederick in einem Tonfall, der Filou misstrauisch machte. So sprachen Menschen, die einem etwas schmackhaft machen wollten, das unter Garantie unangenehm war. Das war die »Komm, stell dich nicht so an, das ist gut für dich«-Stimme. Und dann träufelte einem jemand Flohtropfen in den Nacken. Der »Hinterher wird es dir besser gehen«-Tonfall. Der klang nach Zeckenzange.

Was immer Paris war: Filou mochte es nicht.

»Aber …« Marlas Stimme war ganz klein geworden.

»Es ist doch noch gar nichts entschieden«, sagte Ivonne hastig.

»Natürlich ist das entschieden. Wir ziehen nach Paris. Zusammen. Und Marla freut sich mit uns, gell, Schatz?«

»Aber …« Marlas Stimme zitterte. Und dann brach sie in Tränen aus, sprang auf und lief aus dem Zimmer. Filou lief hinterher und schlüpfte durch die Tür, bevor Marla sie ins Schloss fallen ließ. Marla, seine Marla, warf sich aufs Bett und weinte. Weinte und weinte, bis

Filou es nicht mehr aushielt, mit weichen Pfoten neben sie sprang und ihr einen sanften Nasenstüber gab.

Sie schluchzte auf und ließ es zu, dass er sich an sie kuschelte. Nach und nach ließ der Tränenstrom nach.

»Ich will nicht fort aus Beaulieu«, flüsterte sie. »Du vielleicht?«

Fort von hier? Filou sträubten sich die Haare. »Ich will nicht nach Paris. Nur weil sie da ihre Bilder ausstellen kann!«

Die Bilder. Ivonnes Bilder, diese stinkenden Dinger, denen man nicht zu nahe kommen durfte, sonst hatte man tagelang Farbe im Fell. Mal abgesehen vom Gekreisch, das sie anstimmte, wenn man sich die Krallen an dem Gestell wetzte, auf dem die Dinger standen.

Es war ja gar nicht so, dass er Ivonne nicht mochte. Obwohl sie Lucrezia vorzog. Es war nur … Marlas Mutter hatte gewollt, dass man ihn kastrierte, damals, als er bei Marla eingezogen war. Seither ging er ihr aus dem Weg. Und jetzt – wollte sie, dass alle nach Paris gingen, was immer das war. Alle? Auch die Katzen? Oder – wollte man sie etwa hierlassen, ihn und Josephine, Monpti und Mabelle und Lucrezia?

Filou wusste nicht, ob ihn der Gedanken beruhigen sollte. Marla fort und er hier? Unvorstellbar.

»Marla!« Frederick klopfte an die Tür.

»Liebes! Lass uns über alles reden!« Ivonne.

Aber Marla kuschelte sich an Filou. Gemeinsam schliefen sie ein.

FÜNF

»Wo warst du die ganze Nacht?«, quengelte Josephine, als er morgens mit Marla in die Küche kam. »Und wieso kommst du so spät? Es gab Thunfisch!«

Die anderen hatten ihre Näpfe bereits geleert, aber Filou verspürte keinen Hunger. Er trottete bedrückt zu seinem Lager, hockte sich auf die Hinterbeine, zog die Vorderpfoten ein und machte sich ganz klein und steif. Es lag etwas in der Luft. Es war nicht Gutes. Seine bösen Träume schienen sich zu bewahrheiten.

»Warum isst du nichts?«, zischte ihm Lucrezia zu, die auf ihrem Stuhl ruhte wie eine Königin auf dem Thron. »Hast du Verstopfung?«

Er würdigte sie keines Blickes. Luc war vom guten Leben so fett geworden, dass Ivonne sie regelmäßig bürsten musste, weil sie sich das Fell nicht mehr selbst reinigen konnte. Luc würde nie auch nur eine Mahlzeit auslassen.

Aber ich, dachte Filou, ich brauche mein altes Kampfgewicht wieder.

Er hatte geträumt. Wieder diesen Traum, in dem er einsam und allein war, verfolgt von dunklen Schatten. Und jetzt wusste er, dass das Unheil längst da war. Es hieß Paris. Und ihm fiel auch nach schärfstem Nachdenken nicht ein, was man dagegen machen konnte.

Bevor er sich wieder aus der Küche schlich, leckte er Jos Gesicht und knuffte die beiden Kleinen. Er musste Fidel fragen, was es mit Paris auf sich hatte. Fidel konnte ihm sicher einen Rat geben. Fidel wusste fast alles.

Wie immer lag der Mops da, wo er jeden Morgen und jeden Abend lag: auf der Place de la Patrie, im Schatten des Kriegerdenkmals, von wo aus er das Café de la Paix und Herrchen im Auge hatte. Der Dicke rührte kein Härchen, als Filou angestürmt kam. Cool klappte er das linke Ohr nach vorne und öffnete das rechte Auge.

»What ails ye?«, knurrte er, als Filou sich neben ihn fallen ließ.

»What – wie bitte?«, fragte Filou zurück.

»Das ist Englisch und heißt: Wo drückt der Schuh!«, antwortete Fidel würdig.

»Welcher Schuh?« Filou hätte die Frage am liebsten gleich wieder zurückgezogen. Fidels Erklärungen auch noch der banalsten Redewendungen pflegten sich hinzuziehen. »Ach, lassen wir das. Erzähl mir alles über Paris.«

»Paris? Oh, là, là!«, machte Fidel und legte sich auf die Seite. »Wie viel Zeit hast du?«

»Gar keine! Mach's kurz!«

»Kurz. Hm. Na gut.« Der Mops legte eine Pfo-

te über die andere. »Also: Paris ist die Hauptstadt Frankreichs. Sein Zentrum liegt etwa 647,73 Kilometer nordwestlich von hier. Der Bürgermeister von Paris...«

Filou seufzte. »Das will ich alles gar nicht wissen. Erzähl mir, wie es sich da lebt.«

Fidel hob die rechte Tatze, leckte sie und fuhr sich damit über das Ohr. »Prächtig. Die größten Boulevards, die feinsten Geschäfte, kultivierte, wohlerzogene Menschen ...«

»Als Hund, meine ich. Als Katze. Wie ist Paris so für dich und mich?«

Der Mops hob den runden Kopf und sah ihn aufmerksam an. Dann schüttelte er den Kopf. »Tut mir leid. Für Hunde ist es schlimm. Für Katzen ist es die Hölle.«

Ab da hörte Filou zu, ohne Fidel zu unterbrechen. Er hatte das Gefühl, in einen Abgrund zu schauen. Schnellstraßen, Autos, Stoßstange an Stoßstange, sechs Reihen nebeneinander. Hochhäuser, bei denen man nicht aus dem Fenster springen konnte, ohne tot unten anzukommen. Tauben, die man nicht essen durfte, wenn man nicht vergiftet werden wollte. Katzen, die man am Gängelband führte. Hunde, die man in Mäntel und Stiefel gepackt hatte. Was machten die in Paris wohl mit kleinen Mädchen? Was machten sie mit Marla?

Filou senkte die Schnurrbarthaare vor Kummer.

Doch Fidels Gesicht, eben noch voller Sorgenfalten, hellte sich auf.

»Na, ihr beiden?«

Weder Filou noch Fidel hatten gemerkt, dass Herrchen aus dem Café gekommen war, die Zeitung in der Hand.

»Tut mir leid, dass ich euch stören muss!«

Aber Fidel war schon aufgesprungen, ließ die rote Zunge aus dem Maul hängen und hechelte vor Freude, während sein Stummelschwanz wie wild rotierte. Fidel behauptete, bei Hunden sei das Schwanzwedeln ein Zeichen der Freude. Filou würde die seltsame Welt der Hunde nie verstehen. Wenn Katzen mit dem Schwanz schlugen, war es Zeit, das Weite zu suchen.

SECHS

»Ich gehe nicht mit nach Paris«, hörte er Marla sagen, die in der Küche am Tisch saß und ihre Hausaufgaben machte. »Einer muss schließlich bei den Katzen bleiben.«

»Die Katzen«, sagte Frederick, der unter dem Waschbecken lag, aufmerksam beobachtet von Monpti und Mabelle. »Ja, das ist tatsächlich ein Problem. Die Rohrzange, bitte.«

»Liebes, du kannst nicht allein in Beaulieu bleiben«, sagte Ivonne geistesabwesend und reichte Frederick etwas aus der Werkzeugkiste.

»Ich bin nicht allein. Ich bin bei Filou. Und Josephine. Und Monpti und Mabelle. Und bei …«

»Lucrezia kommt mit!« Ivonne, hastig.

Filou hob den Kopf vom Wassernapf. Luc reckte und streckte sich und sprang von ihrem Stuhl. »Nach Paris!«, murmelte sie. »Das muss der Himmel sein.«

»Du hast doch keine Ahnung«, knurrte Filou.

»Du vielleicht?«, sagte sie schnippisch.

»Außerdem kann es dir völlig egal sein, wo du wohnst. Himmel ist für dich da, wo dein Fressnapf steht.«

Luc war seit dem Winter nicht mehr draußen gewesen. Sie hatte die Düfte Beaulieus nicht mehr in der Nase, hatte keine der Spuren verfolgt, die man an jeder Straßenecke fand. Wusste nicht, dass man das Haus renoviert hatte, in dem ihr Keller gewesen war. Hatte nicht mitgekriegt, dass Yapper altersschwach geworden war und keine Katzen mehr jagen konnte. Lucrezia war eine Hauskatze geworden.

»Ich gehe jedenfalls mit«, meinte sie selbstzufrieden. »Ihr könnt meinetwegen sehen, wo ihr bleibt.«

Genau das war das Problem, wie Filou mittlerweile ahnte.

»Sei vernünftig, Marla«, sagte Ivonne. »Du kannst nicht hierbleiben, wenn wir in Paris wohnen. Dazu bist du noch nicht groß genug.«

»Eimer!«, rief es unter der Spüle hervor. »Dieser verdammte Siphon!«

Ivonne lief zur Kammer und kam mit einem blauen Plastikeimer zurück, den sie zu Frederick unter die Spüle schob.

»Aber die Katzen! Wer soll sich um die Katzen kümmern?« Filou spürte Marlas Panik und sprang auf den Stuhl neben ihrem.

»Marla hat recht, Ivonne«, rief es unter der Spüle. »Wenn Lucrezia mitkommt, müssen die anderen auch mit.« Man hörte es klirren, dann rauschte Wasser, und ein Geruch machte sich in der Küche breit, den Filou kannte. So roch es an heißen Sommertagen aus dem Abflussrohr am Haus des alten Stinkers. Der hieß allerdings nicht so wegen des Abflussrohrs. Sondern weil er schon von weitem nach dem Auspuffqualm seines alten Motorrads, Zwiebeln und nassem Hund roch.

»Das ist nicht dein Ernst!« Ivonne stemmte die Hände in die Seiten und starrte auf Fredericks Hinterteil. »Fünf Katzen in einer Stadtwohnung?«

Ächzend kam Frederick unter der Spüle hervor. Die dunklen Haare waren ihm in die Stirn gefallen. »Die Wohnung ist groß genug, so wie du sie beschreibst.« Er reichte Ivonne den Eimer, den sie angewidert beiseitestellte.

»Luc ist alt und gebrechlich. Die muss nicht mehr raus. Aber die anderen sind Freigänger. Die kann man doch nicht einsperren!«

Seit wann interessiert sich Ivonne für meine Freiheit?, dachte Filou. Aber sie hatte recht. Und wie recht sie hatte.

»Ohne Filou gehe ich nicht mit.« Marla klang bestimmt. Filou legte die Ohren an. Hieß das, er sollte doch mitkommen? Ohne Josephine und die Kleinen? Niemals. »Und Filou geht nicht ohne Josephine.« Genau, dachte Filou und entspannte sich.

Ivonne reichte Frederick ein Handtuch. »Ihr macht mir das Leben schwer«, sagte sie. »Also gut: Luc und Filou und Josephine kommen mit. Aber die beiden Kleinen …«

Nein, dachte Filou. Nein. Nicht.

»Das ist eine gute Idee. Die beiden Kleinen bleiben

hier. Wir geben sie zu liebevollen Menschen«, sagte Frederick.

Niemand antwortete. Aber Filou fühlte, wie sich die dunkle Wolke verdichtete. Sie wartete nur darauf, dass sie sich über ihn stürzen konnte, um ihn lebendig zu begraben. Er spürte eine Bewegung neben sich: Josephine. Sie drängte sich an ihn, mit zitternden Flanken. »Höre ich recht?«, sagte sie. »Das kann nicht sein!«

In diesem Moment beschloss Filou, dass sie Abschied nehmen mussten. Abschied von Marla. Abschied vom Paradies auf Erden.

SIEBEN

Und was, wenn es wieder Winter wird? Was, wenn wir erfrieren?«

Er wusste, was sie meinte. Vor einigen Monaten wären sie im Schnee fast umgekommen, alle vier, wenn sie nicht rechtzeitig bei Marla und ihren Eltern untergekommen wären.

»Es ist erst Frühjahr. Bis zum Winter lassen wir uns etwas einfallen.«

Der kleine Trupp folgte ihm durch die Hecken, erst durch das Gebüsch aus Steinlorbeer, in den Garten der Nachbarn. Es war ein Risiko, ihn bei Tag zu überqueren. Entweder traf man auf kreischende Kinder oder auf kreischende Frauen, die einen aus der Kiste mit dem Sand vertrieben, die wie geschaffen für die Angelegenheiten von Katzen war. Warum stellen sie ein Katzenklo auf, wenn man es nicht benutzen darf, hatte Filou sich schon oft gefragt.

Aber diesmal ging alles gut. Fast alles. Filou marschierte vorneweg, Josephine bildete die Nachhut, zwischen ihnen die beiden Kleinen. Kurz bevor sie bei der Lücke in der Ligusterhecke angekommen waren, ertönte ein Schrei. Ein kleiner Krauskopf lugte um die Ecke, gefolgt von einem Blondschopf. »Wie süüüüüß!«

Und dann liefen die schreienden Kinder auf sie zu. Monpti und Mabelle stürzten in Panik davon, zurück in die Richtung, aus der sie gekommen waren.

»Guck mal! Ein Kätzchen! Nein, zwei!«, kreischte es wieder. Josephine rannte kopflos den beiden Kleinen hinterher. Filou blieb nichts anderes übrig, als ihnen zu folgen. Zitternd und mit gesträubtem Fell standen die drei wieder in Marlas Garten.

Der Weg durch den Nachbargarten war also versperrt. Sie mussten einen Umweg nehmen. Und so war es bereits später Vormittag, als sie beim Kriegerdenkmal ankamen.

Fidel lag an seinem Stammplatz und nickte Filou zu, als der kleine Trupp an ihm vorbeimarschierte.

»Viel Glück, mon ami«, sagte er.

»Das können wir gebrauchen«, murmelte Filou.

Er führte sein Rudel den vertrauten Weg hoch zum Roche du Diable. Doch als sie in der Rue Basse angelangt waren, blieb Josephine stocksteif stehen. »Wo ist dein Keller? Wo ist das Haus von Ma Dame?«

Jetzt sah er es auch. Das heißt, er sah es nicht. Er sah einen Haufen aus Balken, Ziegeln und Steinen, dort, wo noch vor wenigen Tagen Ma Dames Haus gestanden hatte. Das Haus, wo er Josephine das erste Mal begegnet war, existierte nicht mehr.

»Weißt du noch?«, flüsterte sie. Ja, dachte er. Ich werde das nie vergessen, wie die kleine Glückskatze dasaß, hochschwanger und völlig ratlos, schon seit Tagen allein neben der toten alten Frau. Und jetzt verschwand auch noch dieser Ort der Erinnerung.

Sie machen alles kaputt, die Menschen, so oder so, dachte er. Das erste Mal in seinem Leben wünschte er sich ein Leben ohne Menschen. Nur – auf Marla wollte er nicht verzichten. Aber er musste.

»Keine Sentimentalitäten!« Er scheuchte Josephine und die Kleinen voran. »Jetzt ist Mittagszeit, da ist niemand auf der Straße. Je früher wir in unserem Versteck ankommen, umso besser.«

Sie liefen durch die Gemüsegärten. Monpti blieb stehen, um an einer grünen Gießkanne zu riechen, aber Filou jagte ihn weiter. Auch Mabelle, die in der verlockend duftenden Erde wühlte. »Los jetzt«, zischte er und sprang voraus in den dunklen, kühlen Hohlweg.

Das Moos schimmerte zwischen den runden Pflastersteinen. Hier konnten sie endlich langsamer laufen, und Filou erzählte den Kleinen die Geschichte von den Maultieren, um sie abzulenken. Von den großen Tieren, die früher hier entlanggetrabt waren, schwankend unter ihren Lasten.

»Vier Beine?«, fragte Mabelle atemlos. »Und so groß wie ein Mensch?«

»Größer«, antwortete Filou, obwohl er sich nicht sicher war. »Viel größer.«

Endlich waren sie oben, auf dem Roche du Diable. Und wieder war noch jemand anders da. Filou erkann-

te den Mann sofort. Er saß mit dem Rücken an einen der Steine gelehnt und hatte die Augen geschlossen. Die Frau war nicht dabei. Als Filou sah, dass der Mann weinte, ahnte er, warum. Sie war in den Winter gegangen.

»Du hast gesagt, wir wären hier allein«, wisperte Josephine, die sich kampfbereit vor die beiden Kleinen gestellt hatte. »Du hast gesagt, hier kommt nie jemand hin.«

Filou seufzte. »Der tut uns nichts.«

»Bist du sicher?«

Filou war sich ganz sicher. Nur über eines nicht mehr: ob es wirklich richtig war wegzulaufen.

Er betrachtete den Mann, der den Kopf zurückgelegt hatte und ihre Anwesenheit noch nicht bemerkt zu haben schien. Die dunklen Haare trug er lang, länger als Frederick. Und jünger war er auch. Und viel, viel dünner. In seinem weißen Hemd und den Jeans sah er beinahe schmächtig aus. Und seine Hände … Schmal, mit langen Fingern. Irgendwas faszinierte Filou daran. Er ging auf leisen Sohlen näher, obwohl Josephine warnend zischelte, hockte sich neben den weinenden Mann und begann sanft zu schnurren. Nach einer Weile regte sich eine der Hände. Filou legte seinen Kopf hinein. Und dann begannen die langen Finger des Mannes ihn zu streicheln, hinter den Ohren, im Nacken. Unter dem Kinn.

Nach einer Weile wurde der Atem des Mannes ruhiger. Er war eingeschlafen.

Filou schlich zurück zum Wacholderbusch, unter dem Josephine und die Kleinen hockten und warteten.

»Wir müssen zurück«, sagte er.

»Aber warum? Du hattest recht: Er ist ganz friedlich.« Josephine war verwirrt.

Monpti und Mabelle guckten mit großen vorwurfsvollen Augen zu ihm auf. Sie waren sicher enttäuscht, weil das große Abenteuer schon wieder vorbei zu sein schien.

»Wir können Marla nicht alleinlassen.« Filou ging voran, ohne sich nach ihnen umzuschauen.

»Aber du hast doch gesagt, wir müssten …«

Ja, hab ich. Aber ich ertrage die Vorstellung nicht, dass sie hier sitzen könnte und um uns weint. »Sie war bereit, ihre Eltern zu verlassen, unseretwegen«, sagte er. »Das dürfen wir nicht vergessen.«

»Aber – wenn sie doch mit nach Paris geht. Und wir mitmüssen. Ohne …« Josephine sprach nicht weiter.

Ohne Monpti und Mabelle? Das würde Josephine das Herz brechen.

»Ich lass mir was einfallen«, sagte Filou.

ACHT

Der Steinlorbeer blühte und verblühte. Die Glyzinien legten einen lavendelblauen Schleier über die alten Mauern. Und endlich brachen die Rosen auf. Ihr Duft umhüllte alles, den Garten, das Dorf, und stieg bis zum Roche du Diable hoch. Das Leben dehnte sich, drang nur noch gedämpft in den friedlichen Garten, wo Monpti und Mabelle neue Spiele erfanden und Josephine sich in der Sonne streckte.

Jo nannte ihn noch immer zärtlich »Dickerchen«, obwohl Filou regelmäßig auf den Roche du Diable ging, um seine Übungen zu machen. Manchmal traf er dort den traurigen Mann. Aber meistens war er allein mit den Schmetterlingen, den Bienen, den Mauerseglern und den Wolken, wenn mal welche vorbeizogen.

Es war, als ob der Tag nie kommen würde. Aber das war eine schöne Illusion. Eines Tages stand ein Auto vor dem Haus, Ivonne stieg ein und fuhr davon, mit Lucrezia im Katzenkorb auf dem Rücksitz. Filou und Josephine taten, als ob nichts wäre. Doch ab jetzt wich Filou Marla nicht mehr von der Seite. Nachts kuschelte er mit den Kleinen und Josephine, als ob nichts sie trennen könnte. Doch eines Tages fuhr wieder ein Auto vor. Diesmal lud man die Koffer von Marla ein. Und einen Korb, in dem Josephine und die Kleinen hockten, ratlos, denn der Korb war mit einem Gitter verschlossen. Auch Filou hatte in den Korb steigen sollen, den Frederick auf den Rücksitz gestellt hatte, aber er war stattdessen von selbst ins Auto gesprungen.

»Dich braucht man nicht einzusperren, mein Kluger, stimmt's?«, sagte Marla, nahm ihn auf den Schoß und kraulte seine Ohren. Und dann beugte sie sich zu ihm hinunter und flüsterte: »Alles wird gut. Nichts kann uns trennen.«

Es brach ihm fast das Herz.

Er hatte lange nachgedacht, in den frühen Morgenstunden hoch oben auf dem Felsen. Manchmal hatte er sich auch nachts hinaufgeschlichen, dem Mond zugeschaut, der geschäftig über den Himmel raste, und auf die Geräusche unten im Dorf gelauscht. Kater balgten sich. Hunde jaulten. Nachtvögel schrien. Und manchmal weinte ein Kind.

Schließlich war er zu einem Entschluss gekommen. Es gab nur einen einzigen Weg, wie er seine kleine Familie retten konnte. Und es war nun mal seine Familie, auch wenn er nicht der Vater der beiden Kleinen war. Er würde dafür sorgen, dass sie zusammenbleiben konnten, die drei. Bei Marla in Paris.

Er hatte Josephine nichts von seinem Plan erzählt, auch wenn es ihm schwerfiel, Geheimnisse vor ihr zu haben. Er wollte nicht, dass sie traurig war oder gar versuchte, ihn davon abzubringen. Monpti und Mabelle waren erst recht ahnungslos. Das war besser so: Niemand musste etwas wissen.

Als das Auto anfuhr, hörte er die Kleinen verängstigt piepen. Er hatte keine Angst, er kannte Schlimmeres als die grollende Blechkiste, in der sie sich vorwärtsbewegten, immer schneller. Trotzdem tat er, als ob er sich fürchtete, sprang von Marlas Schoß und versteckte sich unter ihrem Sitz.

Er wartete noch ein wenig, bis er sicher war, dass Beaulieu bereits hinter ihnen lag. »Schreit. Schreit, als ob es um euer Leben ginge«, flüsterte er Josephine zu. Und stimmte das etwa nicht?

»Aber warum?«

»Vertrau mir. Bitte.«

Josephine zögerte nur kurz. Und dann schrien alle drei los, als ob sie nur darauf gewartet hätten, endlich ihre Furcht herauszuschreien zu dürfen. Ihr Geschrei war so nervenzerfetzend, dass sich sein Fell sträubte, ganz ohne sein Zutun. Und natürlich reagierte auch Marla, sofort.

»Papa! Die Tiere! Du musst anhalten!«

Frederick brummte etwas Unverständliches, fuhr aber an den Straßenrand und stellte den Motor aus. Und während Marla ausstieg, um nach den Tieren auf dem Rücksitz zu schauen, ließ sich Filou aus dem Auto fallen und kroch, den Bauch an den Boden gepresst, in den Straßengraben, wo er sich unter dem Gras versteckte.

Wenn Marla nach euch schaut, hatte Filou den dreien noch eingeschärft, hört ihr auf zu schreien. Doch die beiden Kleinen wimmerten weiter, obwohl Marla ihnen gut zuredete. Sicher war ihnen aufgegangen, dass es nicht einfach nur zum Tierarzt ging. Dass das Leben sich änderte. Gewaltig änderte. Und Katzen lieben keine Veränderung.

Es dauerte ihm viel zu lange, bis Mabelle und Monpti sich wieder beruhigt hatten. Er war sich zwar sicher, dass weder die beiden Kleinen noch Josephine seine Flucht bemerkt hatten. Doch jeden Moment konnten Frederick und Marla entdecken, dass er den Aufruhr benutzt hatte, um sich aus dem Staub zu machen. Aber Marla setzte sich wieder nach vorne, auf den Beifahrersitz, und sagte: »Ganz ruhig, Filou. Deinen Liebsten ist nichts passiert.« Er atmete auf. Sie glaubte also immer noch, dass er unter dem Sitz hockte und sich fürchtete.

Und das stimmte ja auch. Er fürchtete sich, während er im Gras kauerte und lauschte, wie das Auto sich entfernte. Er fürchtete sich vor einem Leben ohne die anderen. Vor dem Verlust des Paradieses.

Hoffentlich ging sein Plan auf, und Mabelle und Monpti durften bei Josephine bleiben. Für vier Katzen musste doch Platz sein in der Wohnung in Paris. Sonst wäre seine Flucht vergebens gewesen.

NEUN

Filou lag lange im Straßengraben und trauerte. Nun hatte er alles verloren, was ihm etwas bedeutete im Leben. Und von nun an gab es auch kein trockenes Plätzchen und keine gefüllten Schüsseln mehr. Er war auf sich allein gestellt. Aber kannte er das nicht schon? Sein Glück war nur eine Episode gewesen. Jetzt ging das Leben wieder seinen gewohnten Gang.

Gegen Abend machte er sich auf den Weg zurück. Er war allein, aber er hatte eine Heimat: Beaulieu. Und er hatte einen Freund: Fidel. Er wusste, welche Richtung er nehmen musste, auch wenn er nicht wusste, wie weit er zu gehen hatte. Aber er fürchtete, dass bald niemand mehr auf die Idee kommen würde, ihn Dickerchen zu nennen.

Filou kannte seine große Schwäche: Er konnte nicht jagen. Während Josephine eine geschickte Mauserin war und die beiden Kleinen sich als Naturtalente erwiesen, war Filou anders. Irgendwie – nicht normal. Verkorkst.

Lucrezia hatte ihm eine Zeitlang eingeredet, es sei seine unnütze Mutter gewesen, die ihn zu sehr verwöhnt und darüber vergessen hätte, ihm das Mausen beizubringen. Als er Josephine zögernd davon erzählt hatte, war sie in haltloses Gelächter ausgebrochen. »Katzen müssen das nicht lernen, du Dussel! Katzen können das von Natur aus!«

Nur ich nicht, dachte Filou und machte sich auf harte Zeiten gefasst.

An den ersten Tagen hatte er Glück. Erst erwischte er einen frisch totgefahrenen Igel. Gut, platte Igel waren kein echter Genuss, weil man nie wusste, ob man nicht auf einen Stachel biss. Aber der Fund machte ihm Mut. Irgendwo auf seinem Weg würde es tierliebe Touristen geben. Campingplätze mit überfüllten Müllcontainern. Oder einen einsamen, aufgeplatzten Müllsack am Wegesrand. Leider waren solche Funde immer seltener geworden, seit niemand mehr Plastiktüten an die Straße stellen durfte, sondern sie in großen Tonnen verstauen musste, die man mit Klauen und Zähnen allein nicht besiegen konnte. Doch Wunder gab es immer wieder.

Und schon am nächsten Morgen, an der Weggabelung eines unbefestigten Feldweges, stieß er auf eine Goldgrube. Eine überquellende Mülltonne stand da, und keine Menschenseele war in der Nähe. Er pirschte näher. Es roch nach Brot und faulen Zitronen, nicht seine Lieblingsdüfte. Doch darunter schwebte ein zarter Duft nach Spaghetti bolognese. Nach reifem Käse. Nach einer schwitzenden Schinkenrinde. Und nach … Filou blieb abrupt stehen. Die Tonne lebte. Oder das, was in ihr war. Sie bewegte sich. Sie schwankte hin und her. Ihr Deckel hob und senkte sich, Geruchsschwaden schwebten heraus, eine betörender als die andere. Und dann…

Filou presste sich an den Boden, bereit zur Flucht, falls das Ungeheuer auf ihn zurasen sollte. Die Mülltonne fiel, sie rollte zur Seite, der Deckel öffnete sich, und heraus purzelten all die guten Sachen, die Menschen wegzuwerfen pflegten.

Und dann …

Filou hörte, wie Plastik zerriss. Wie etwas schnaufte und schnüffelte. Und schmatzte. Er tat noch ein paar Schritte vor, behutsam. Und dann sah er einen schwarzweißbraun gescheckten Hund mit langen Schlappohren, der die Nase tief im Müll vergraben hatte.

»Komm nur«, sagte der Dreifarbige, ohne aufzusehen. »Es ist von allem genug da. Und zur Not kenne ich noch ein paar andere Mülltonnen, die man anspringen kann.«

Filou zögerte. Aber er war hungrig. Und sein Gefühl sagte ihm, dass er dem Kerl trauen konnte. Gemeinsam machten sie sich über Käserinden und Hühnerknochen her, über Wurstecken und Brotkanten. Und über die Spaghettireste, an denen nicht nur eine köstliche Sauce, sondern auch noch köstlicherer Parmesankäse klebte.

Sie waren satt, bevor es hell wurde. Der Hund wusste von einem Wassertrog ganz in der Nähe, am Rande eines Weinbergs, wo sie sich in den Schatten legten und verdauten.

»Man muss zu den Campingplätzen gehen. Und zu Ferienhäusern«, meinte der Hund träge. »Was die Touris so alles wegschmeißen, wenn sie wieder abreisen … Unfassbar.«

Das klang nach einem guten Tip.

»Und viele vergessen, ihre Müllbeutel in die Tonnen zu werfen. Stellen sie einfach an den Straßenrand. Das ist die Krönung.«

Sie schwiegen eine Weile einvernehmlich. Der Höflichkeit halber fragte Filou schließlich, wie der Hund hieß, woher er kam und wohin er ging, und Rowdie erzählte ihm sein ganzes Leben.

»Mutter eine rassereine Français tricolore. ›Meutehund mit Klasse und Eleganz, kräftig gebaut und bemuskelt‹, steht im Zuchtbuch. Echter Adel. Und dann …«

Rowdie ließ den Kopf auf die Pfoten sinken.

»Und dann?«

»Na, wie das Leben so spielt. Und – unddann kommt so ein Straßenköter zum falschen Zeitpunkt des Wegs und – bingo! Ich bin unterwegs. Ging natürlich nicht. Nicht artgerecht. Also ausgesetzt als Welpe.«

Filou seufzte. »Ich kenne meinen Vater nicht. Und meine Mutter haben sie überfahren, als ich noch ganz klein war.«

Rowdie seufzte ebenfalls.

»Und weiter?«, fragte Filou schließlich.

»Hatte Glück. Wurde Hofhund. Ruhige Sache.

Nüscht zu tun. Bis ein Einbrecher kam. Den hab ich glatt verpennt.«

Filou leckte mitfühlend die Pfote und putzte sich die Ohren.

»Arbeitslos. Streuner geworden. Touristenpaar aufgetrieben. Ein paar gute Wochen gehabt. Und dann – Arschtritt.«

Scheißleben. »Aber wenigstens bist du frei«, meinte Filou.

»Frei? Brauch ich nicht. Ich hätte gerne eine Festanstellung. Fürs Leben«, brummte Rowdie. »Mit regelmäßigen Mahlzeiten. Das wär's.«

Erst kommt das Fressen, dann die Moral. Sagte Fidel immer, wenn Filou vom Recht auf Freiheit sprach. »Nur beim Recht auf Faulheit bin ich dabei, mon ami.«

Filou konnte sich zwischen beiden Optionen noch immer nicht entscheiden. Wenn er Hunger hatte, war die Sache klar. Aber wenn er satt und zufrieden unterm Sternenhimmel lag, wie jetzt, zog er die Freiheit vor.

In den frühen Morgenstunden wachte er auf, weil Rowdie neben ihm entsetzlich schnarchte. »Machs gut, Français tricolore«, murmelte Filou und machte sich davon.

ZEHN

Sein Glück hielt bis zum nächsten Dorf, das aus nicht viel mehr zu bestehen schien als aus einer Hauptstraße mit Bäckerei und Café. An den Tischen vor dem Café saßen Menschen in kurzen Hosen, mit weißen Beinen oder mit krebsrot angelaufenen. Touristen. Touristen waren okay, die waren meistens entspannt und gut gelaunt und deshalb mitleidig und mildtätig. Er näherte sich einem Tisch, an dem ein junges Paar saß. Junge Pärchen und alte Tanten waren die besten Adressen. Die Jungen waren meist völlig benebelt voneinander, das machte offenbar sensibel für das Schicksal anderer Kreaturen. Und alte Tanten waren womöglich so froh, dass sie nicht mehr jung und verliebt sein mussten, dass sie ihr Glück souverän teilen konnten. Er stellte den Schweif kokett auf halb zwölf und trabte auf die beiden zu.

Als er näher kam, merkte er, dass sie keineswegs glücklich waren. Sie blickten mit starrem Gesicht ins Leere, sahen einander nicht an und nahmen ihn gar nicht wahr.

»Ich hab es satt«, sagte der Mann.
»Ich kann dich nicht mehr sehen.« Die Frau.
»Wenn das Kind nicht wäre …«

»Wenn das Wörtchen wenn nicht wäre. Es ist nun mal da, oder?«

Er klang bitter, sie klang böse.

Und dann sah Filou, dass das Kind, von dem die Rede war, unter dem Tisch hockte und so tat, als ob seine streitenden Eltern nicht da wären.

Filou duckte sich und zog sich vorsichtig zurück. Kinder waren schlimm, ganz schlimm, sie liefen hinter einem her und wollten einen am Schwanz ziehen. Und sie waren laut. Es gab nur ein Kind, das er liebte. Er spürte einen Kloß im Hals. Marla.

Die Kleine, die da unter dem Tisch saß, erinnerte ihn an sie. Und sie schrie nicht auf, als sie ihn sah. Sie hielt ihm vielmehr ein Stückchen Croissant hin, als ob es das Selbstverständlichste sei, ihr Essen mit ihm zu teilen.

Er hatte fast das ganze köstliche Buttercroissant aus ihrer Hand gegessen, als die beiden Streithähne oben am Tisch sich daran erinnerten, dass sie nicht allein waren.

»Lena!« Die Mutter. So scharf und schneidend, dass er die Ohren anlegte.

Das Mädchen verdrehte die Augen, steckte ihm den Rest des Croissants zu und krabbelte unter dem Tisch hervor.

»Was zum Teufel machst du da?« Der Vater hatte sich heruntergebeugt. Er hatte ihn gesehen.

Filou machte sich in Lichtgeschwindigkeit vom Acker.

Wenig später verdüsterte sich der Himmel. Er war schon aus dem Dorf heraus und lief durch Weinberge rechts und links des Weges. Blitze zuckten, Donner rollte. Es würde bald regnen. Und wohin dann zwischen all den kahlen Weinstöcken, deren Laub noch kaum zu ahnen war?

Endlich sah er in der Ferne ein einsames Gehöft, auf das er im gestreckten Galopp zulief. Hoffentlich schaffte er es noch rechtzeitig ins Trockene.

Das alte Hameau lag an einen Berghang gelehnt, ein Haus klebte am nächsten, und durch die engen Gassen fegte der Sturm. Ein Eimer kollerte klappernd das Kopfsteinpflaster hinunter. Und irgendwo knarrte und quietschte eine Tür. Er lief dem Geräusch nach, eine schmale Gasse hoch, eine noch schmalere wieder herunter. In diesem Teil des Dörfchens wohnte offenbar niemand mehr, in einem der Ställe roch es nach Ziegenbock, aber der Duft war alt. Der Wind spielte mit einem Scheunentor aus rohen Planken, das halb aus den Angeln gerissen war. Filou wartete auf den richtigen Moment und schlüpfte durch den sich öffnenden Spalt hinein ins Halbdunkel.

Es war warm und duftete nach staubigem Heu. Er blieb stockstill stehen, spitzte die Ohren und nahm Witterung auf. Seine Nase registrierte Mäusekot und Maschinenöl, seine Ohren hörten den Wind, wie er in den Dachsparren spielte. Nichts, was ihm gefährlich werden konnte. Langsam entspannte er sich und blickte sich nach einem Schlafplätzchen um. Und mit einem Mal belebte sich die Stille. Um ihn herum raschelte und zischelte und quiekte es. Mäuse.

Filou gab ein tiefes Knurren von sich. Es musste ja nicht jedes der um ihn herumwieselnden Viecher gleich wissen, dass er kein Jäger war. Schlagartig wurde es still. Doch nur ein paar Augenblicke später ging es weiter mit dem Scharren und Kratzen.

»Alles klar, Jungs?« Filou spähte umher. Im Dämmer sah er Strohballen. Öltonnen. Einen Bretterverschlag. Und, in der Mitte des Raums, ein Gerät, das er aus Beaulieu kannte. Ein Traktor, ein Urviech von Auto mit extradicken Reifen, die eine unachtsame Katze in null Komma nix plattmachen konnten. Beaulieus Straßen waren im vergangenen Herbst bevölkert gewesen von diesen Giganten, die Wagen zogen, voll beladen mit Weintrauben.

»Ich euch nicht und ihr mir nicht, okay?« Er federte zur Mitte des Raumes und sprang auf den Traktorsitz. Kaum hatte er sich auf dem aufgeplatzten Polster zusammengerollt, ging über ihm das Unwetter los. Krachende Donnerschläge, Tropfen auf dem Wellblechdach, die zum Platzregen wurden. Filou legte sich die Pfoten über die Ohren, aber ihm entging nicht, dass der Regen nicht draußen blieb, sondern Löcher und Lücken im Dach fand. Erst tröpfelte es nur, dann wurden die Tropfen zu Rinnsalen, die auf den staubigen Boden klatschten und in Schlangenlinien zur Tür rannen, die eine Windbö zugeschlagen hatte. Jetzt wird's gemütlich, dachte Filou und schlief ein.

Als er erwachte, war es dunkel, und für ein paar Momente wusste er nicht, wo er war. Nicht in Beaulieu, im Bett neben Marla. Nicht im Katzenkorb neben Josephine. Nicht auf dem Roche du Diable, so viel war gewiss. Aber er war nicht allein. Ihn hatte ein Kribbeln unter dem Kinn geweckt. Etwas kitzelte ihn am Bauch. Um ihn herum zischelte es. Als er sich streckte, wäre er fast von seinem Sitzplatz gefallen. Ein aufgebrachtes Quieken zeigte, dass er auch andere in Gefahr gebracht hatte. Er öffnete die Augen. Sie waren zu fünft, hatten weiches graues Fell, allerliebste rosa Öhrchen, schlanke bewegliche Schwänze, spitze Zähnchen und reizende Kulleraugen. Eines suchte an seinem Bauch nach etwas, an dem man nuckeln konnte. Ein anderes spielte mit seiner Schwanzspitze. Ein drittes hatte sich unter seinem Kinn zusammengerollt. Und die beiden anderen jagten quietschend über ihn hinweg.

Mäuse. Er hielt ganz still und versuchte, möglichst unauffällig zu atmen. Was waren die hübsch. Er hatte noch nie welche so nah gesehen. Jedenfalls nicht lebend. Seine Mutter hatte sie ihm immer erst vorgelegt, wenn sie schon tot und weichgewalkt waren. Sie hatten immer gut geschmeckt, das stimmte. Beunruhigt spürte er so etwas wie Hunger.

Er hob die Pfote, auf der sich eines der Kleinen niedergelassen hatte, um es näher zu betrachten. Für einen

magischen Moment blickten sie einander in die Augen – Katz und Maus, dachte Filou, wie seltsam! Und wie von einer Brise fortgeweht waren die kleinen Tiere verschwunden.

Filou legte den Kopf auf die Pfoten und lauschte auf den matter gewordenen Regen und den Wind, der durch Ritzen und Bretter pfiff. Katzen befreunden sich nicht mit Mäusen. Katzen essen Mäuse. Merk dir das, dachte er und schlief wieder ein.

Das nächste Mal erwachte er von einem scharfen Schmerz im linken Hinterbein. Und dann biss ihn jemand ins Ohr. In die Schulter. In die Vorderpfote. Ins Kinn. In den Schwanz. Mit einem lauten Schrei sprang er auf und versuchte, die Angreifer abzuschütteln. In seinen Schwanz hatte sich ein fettes grauweißes Untier verbissen, an seinem Ohr hing ein kleines schwarzes Biest, und in sein Bauchfell klammerten sich zwei, drei, viel zu viele Ratten. Rasend vor Wut, Schmerz und Angst sprang er vom Traktor und versuchte, die Viecher loszuwerden. Er scheuerte sich am Rad des Traktors, schleuderte das Untier, das noch immer an seinem Schwanz hing, mit aller Kraft gegen den Kotflügel, bis es von ihm abließ, wälzte sich im Staub und in den Pfützen auf dem Boden.

Endlich war er sie los. Blut und Dreck verklebten sein Fell, seine Wunden schmerzten, und er hörte sie noch immer wispern und kratzen und schaben, um ihn herum. Wachsam trabte er hinüber zum Scheunentor, das bis auf einen schmalen Spalt zwischen den verzogenen Balken geschlossen war, presste seinen Kopf in den Spalt und versuchte, es aufzudrücken. Er musste hier raus, sonst war er demnächst Rattenfutter. Aber so sehr er auch drückte und presste – der Sturm hatte die Tür zugeschlagen, und nun rührte sie sich nicht mehr.

Hinter ihm quiekte es, es klang wie Triumphgeheul. Filou begann um sein Leben zu fürchten. Wenn er nur eine Minute lang nicht aufpasste … Wenn er es wagte, einzuschlafen … Wenn er krank würde … Sie waren viele, sie waren in der Überzahl, und sie würden ihn im Nu überwältigen. Übrig bliebe ein Fetzen rotes Fell. Und seine Klauen und Zähne, von denen er hoffte, dass sie ebenfalls unverdaulich waren.

Für einen Moment gefiel ihm der Gedanke, sich auffressen zu lassen. Es gab schließlich niemanden mehr, der ihn in Beaulieu erwartete. Josephine vermisste ihn – da war er sicher. Und Marla? Auch die. Doch er würde sie bestimmt nie wiedersehen. Ivonne wollte nur zwei Jahre wegbleiben, gewiss. Aber wer konnte schon sagen, was in zwei Jahren war? Vielleicht erfror er bereits im nächsten Winter. Verhungerte. Wurde überfahren. Verlor einen Zweikampf mit einem Kater …

Nein! Filou schüttelte sich. Nein! Jetzt nicht aufgeben. Eine Stimme in seinem Inneren flüsterte beschwörend, dass er sie wiedersehen würde – alle, die er liebte. Und deshalb musste er kämpfen.

Er sprang auf den Traktorsitz und leckte sich die Wunden, bis er sich stark genug fühlte. Dann stellte er sich auf den Sitz, machte einen Buckel, bauschte den Schweif und forderte seine Feinde heraus. Zum Zweikampf. Mann gegen Mann.

Sein Kampflied begann mit einem grellen Aufschrei, ging über zu einem tief aus der Kehle hervorströmenden Blubbern, schraubte sich in allerhöchste Höhen und endete in einem zähnefletschenden Maulen.

Ihr Feiglinge, dachte er, während er eine Pause einlegte, um Luft zu holen. Ihr kennt nur Massenüberfall und Hinterhalt. Ihr habt keinen Stolz.

Wieder hob er an, steigerte den Aufschrei, fügte ein martialisches Kreischen an und wartete wieder. Nichts. Kein Rattengesicht ließ sich blicken. Aber irgendetwas reagierte auf seinen Schrei. Ein Geräusch. Eine Art heiseres Nörgeln. Dann ein durchdringendes Quietschen. Und dann …

»Was ist denn hier los?«

Ein Mensch stand in der Scheunentür, ließ den Lichtkegel einer Taschenlampe durch die Scheune streifen, der auf Filous weit aufgerissene Augen traf. Der buckelte auf dem Traktorsitz und fauchte.

»Ahhh! Eine Katze! Du willst wohl hier Ordnung schaffen? Zeit wird's!« Der alte Mann senkte die Taschenlampe. »Du wirst hier nicht verhungern!«

Hatte der eine Ahnung.

»Ich könnte dir eine feste Stelle anbieten!«

Filou spürte einen Luftzug, witterte den köstlichen Duft der Freiheit.

»Regelmäßige Mahlzeiten!«

In seinen Ohren die Stimme der Versuchung: Wenn er wollte, hatte seine Suche ein Ende.

»Und es gibt einen warmen Schlafplatz im Winter!«, rief der Alte triumphierend.

Filou zögerte.

»Also?«

Mit leisem Bedauern sprang Filou vom Traktor und sauste zwischen den Beinen des Mannes nach draußen. Sein innerer Kompass zog ihn weiter. Nach Hause.

ELF

Am nächsten Tag leuchtete der Himmel wie frisch gewaschen. Filou hatte die Nacht unter den über und über mit kleinen duftenden Blüten übersäten Zweigen eines Buschs verbracht und seine Wunden geleckt. Er ließ sich von der Frühlingssonne den Pelz wärmen und spürte, wie seine Kraft zurückkehrte. Als das abendliche Geplapper der Vögel in den Ästen der Bäume verebbte, machte er sich wieder auf den Weg.

Es war ihm ein Rätsel, woher er wusste, wohin es ging. Aber er wusste es, da war er sich sicher. Unbeirrbar lief er voran, über ihm die Sterne und die Fledermäuse bei der Abendmahlzeit. Heute beschien kein Mond die Wiesen und Felder, über die er trabte, es war stockdunkel. Und deshalb hätte er den weißen Schatten fast zu spät bemerkt, der sich aus einem nahe gelegenen Gehölz erhoben hatte. Geräuschlos war er über ihm, nur ein Lufthauch kündigte ihn an. Und dann stieß der große weiße Vogel herab.

Blitzschnell warf Filou sich auf den Rücken, hob die Tatzen und knurrte. Das Tier über ihm hatte mächtige Schwingen, spitze weißen Ohren, einen gebogenen Schnabel und furchterregende Krallen. Wie ein kalter

Atem wehte ihn Todesangst an. Das Vieh würde Hackfleisch aus ihm machen. Er knurrte lauter. Der Vogel schwebte fast reglos über ihm. »Nun mach schon«, dachte Filou verzweifelt. »Komm her und gib mir endlich eine Chance, mich zu wehren!«

Das weiße Gespenst bewegte die Schwingen. Jetzt, dachte Filou und spannte alle Muskeln an.

Der Vogel flatterte unzufrieden krächzend auf.

Filou presste sich auf den Boden und wartete, bis sich sein Atem wieder beruhigte. Das musste eine Eule gewesen sein, eine tödliche Gefahr für kleine Katzen, wie ihm seine Maman eingeschärft hatte. Er hatte sich an Marlas Garten in Beaulieu gewöhnt, in den sich nichts Gefährlicheres als ein Maulwurf wagte. Draußen aber, im wirklichen Leben, lauerten unendlich viele Gefahren, und nicht nur aus der Luft.

Filou rappelte sich auf und wanderte weiter. Ab jetzt mied er Gebüsch und Gehölz. Kreuzte Feldwege. Sprang über Bäche. Lief an einem müde plätschernden Flüsschen entlang, bis er eine Brücke fand, die hinüberführte. Einmal bellte ein Reh, dann ertönte der sehnsüchtige Ruf eines Käuzchens. Doch sonst störte nichts mehr die nächtliche Ruhe. Bis ein Geräusch an seine Ohren drang, das er nicht identifizieren konnte, eine Art unregelmäßiges Rauschen. So klang kein Tier. Kam Wind auf? Ein Sturm gar? Er hob die Nase in die samtige Luft. Es war windstill.

Also musste das Geräusch mit Wasser zu tun haben. Aber ein Fluss rauschte anders. Und ein Bach erst recht. Filou trabte voran, konzentrierte sich auf das Geräusch, er schien seiner Quelle immer näher zu kommen. Das Rauschen war nicht gleichmäßig, es begann sanft, schwoll an, ebbte ab. Und es kam exakt aus der Richtung, auf die er sich zubewegte.

Mit jedem Schritt wurde es lauter. Wer oder was es verursachte, musste riesig sein. Am Rand einer Wiese verharrte Filou. Was sollte er tun? Am Ende der Wiese stand ein einsamer Walnussbaum. Entschlossen lief er hinüber und kletterte den glatten Stamm hoch. Hier hörte man es noch deutlicher, aber selbst von einem der oberen Zweige aus sah man nichts. Das Rauschen schien keinen Körper zu haben.

Er sprang hinunter und lief weiter, mit wachsendem Unbehagen. Was konnte so groß sein, dass es so laut war? Der Kirchturm in Beaulieu war groß, gewiss. Und die Glocken oben im Turm machten einen entsetzlichen Lärm. Alle Hunde des Dorfes heulten, wenn sie zu läuten begannen, um sieben Uhr früh und um sieben Uhr abends, jeden Tag zweimal. Der Roche du Diable war groß, na klar. Aber der war nur ein Felsen und machte keine Geräusche. Und sonst? Das Motorrad vom alten Stinker knatterte. Manon und Maxim machten Krach, weil sie sich dauernd stritten, wenn sie aus der Schule kamen. In der Auberge des Piles war es laut, wenn freitags Karaoke-Abend war. Und Silvester war grässlich gewesen, »Feuerwerk« hatte Marla das Krachen und Blitzen genannt, das er und Josephine und die Kleinen unter dem Bett überlebt hatten.

Aber dieses Rauschen … Es kam näher. Es war ganz nah. Es war …

Er musste direkt davorstehen. Aber er sah nur einen riesigen grünen Zaun, fast wäre er dagegengelaufen. Der Zaun war kein normaler Zaun, er war nicht aus Holz, es gab keine Zwischenräume, die Oberfläche war glatt, wie aus Metall, man konnte weder hinaufspringen noch hinaufklettern. Und er zog sich endlos weit, auf der einen Seite den Berg hinauf, auf der anderen Seite schnurgerade bis zum Horizont. Und hinter diesem unüberwindlichen Hindernis lag das Rauschen, das nun, je heller der Tag wurde, zuzunehmen schien.

Ermattet kroch Filou zurück in ein nahes Gebüsch, um über das Phänomen nachzudenken. Darüber schlief er ein. Als er aufwachte, stand die Sonne hoch am Himmel, und er hatte einen derart bohrenden Hunger, dass er jede Maus verschlungen hätte, und wenn sie noch so nett gewesen wäre. Aber es ließ sich keine blicken. Und weit und breit gab es keine Straße mit überfahrenen Kleintieren oder einen Weg, an dem man eine Mülltüte würde plündern können.

Wieder lief er hinüber zum Zaun. Das Rauschen kam ihm mittlerweile noch lauter vor. Und die Wand vor ihm noch unüberwindlicher. Schutzlos begann er, am Zaun entlangzulaufen, auch wenn ihn das weit ab vom Weg führte, der ihn zurück nach Beaulieu brachte.

Ausgehungert und durstig lief er Stunde um Stunde. Er musste die Barriere überwinden, sie trennte ihn von Beaulieu. Aber nirgendwo fand sich eine Lücke. Filou fühlte sich eingesperrt, abgeschnitten von seiner Welt, und seine Verzweiflung wuchs, zumal der Durst ihn quälte und das metallene Hindernis die Sonnenhitze noch zu verstärken schien. Hoch ging es, immer am Zaun entlang. Wieder hinunter. Und wieder hoch. Als er auf der höchsten Stelle einer Bodenwelle ankam, glaubte er fest daran, dass er vor Hunger und Durst verrückt geworden war. Was er sah, konnte nur ein Wahngebilde sein.

Unter ihm lag ein See, der sich an ein Wäldchen schmiegte. Wasser, dachte er, während er die Anhöhe hinunterlief. Wasser. Er brach durch das Uferschilf, ohne an irgendeine Gefahr zu denken, und trank mit langen durstigen Zügen. Als er aufsah, flog etwas an ihm vorbei, verfehlte ihn nur knapp. Etwas Gefiedertes. Es prallte aufs Wasser, das sich in immer größeren Kreisen kräuselte. Und dann begann ein seltsames Schauspiel, das Filou fasziniert beobachtete. Fische, große und kleine, glitten an die Oberfläche des Weihers und schnappten nach dem gefiederten Ding, das an einer silbern glänzenden Schnur hing. Einer der Fische bekam das Ding zu fassen. Und schon flog er zappelnd in die Luft.

Filou vergaß sich. Er, der keiner lebenden Kreatur etwas anzutun vermochte, ließ sich von seinen Instinkten überwältigen. Und die gaben ihm nur eines ein: Das, was da zappelt, ist essbar, also nichts wie hinterher. Mit einem enormen Sprung war er in der Luft und packte das glitzernde Fischchen. Das Training hat sich also doch gelohnt, dachte er befriedigt, als er die Zähne hineinschlug. Und dann schrie er auf. Etwas Spitzes bohrte sich in sein Maul, mit einem schrecklichen, durchdringenden Schmerz. Und was viel schlimmer war: Das spitze Ding ließ ihn nicht los. Und so flog er an der silbernen Schnur aufs Ufer zu, direkt vor ein Paar grüner Gummistiefel.

»Was haben wir denn da?« Der Mann in den Gummistiefeln packte den zappelnden Filou am Nackenfell und griff nach dem Fisch. Filou fauchte.

»Halt still!« Aber Filou wehrte sich mit aller Kraft, als der Mann ihm ins Maul greifen wollte. Der Schmerz war unerträglich. Doch der Mann ließ ihn nicht los, hob ihn am Nackenfell hoch, sodass er alle viere von sich streckte und sich nicht mehr rühren konnte. Das ist das Ende, dachte Filou und dachte an Josephine, an ihr schönes Gesicht, ihre wunderbaren Augen und ihre rosa Nase, an ihr weiches Fell und ihren köstlichen Duft. Dann schloss er die Augen und ergab sich in sein Schicksal.

Doch wie durch ein Wunder war der Schmerz mit einem Mal vorbei. Der Griff um seinen Nacken löste sich, und Filou sank zu Boden, neben ihm der Fisch, der nur noch matt mit dem Schwanz zuckte.

Eine große Hand strich ihm übers Fell. »Ist ja gut«, murmelte der Mann. Filou wollte aufspringen, davonlaufen – nichts wie weg hier! Aber sein Gefühl sagte ihm, dass er von diesem Menschen nichts zu befürchten hatte. Der Mann roch vertraut, so wie Frederick, wenn er abends von der Werkstatt nach Hause gekommen war und das erste Glas Rotwein getrunken hatte. Seine Stimme klang freundlich. Seine Hände waren behutsam. Und er hatte einen Schirm aufgespannt, sodass es Schatten gab.

»Wer hat denn so was schon gesehen«, murmelte der Mann und ließ seine Hand wieder und wieder über Filous Fell gleiten. »Ein fliegendes Katerchen. Das hatte ich noch nie an der Angel.«

Und während Filou langsam ruhiger wurde, setzte sich der Mann neben ihn, nahm ein Messer, schlitzte den Fisch auf, entfernte Gedärme und Gräten und hielt ihm ein Stückchen vors Maul. Dankbar nahm Filou den angebotenen Happen und schlang ihn hinunter. Auch den nächsten und den übernächsten, bis vom Fisch nichts mehr übrig war.

Satt und zufrieden rollte er sich auf die Seite, pflegte seine müde gelaufenen Pfoten und schaute zu, wie der Mann seine Rute auswarf, an der die silberne Schnur und der Haken mit den Federn hingen. Seltsam, dass die Fische sich von ein paar bunten Federn so wild machen ließen, dass sie wieder und wieder anbissen, woraufhin sie zappelnd in die Luft gezogen wurden. Vors

Messer des Mannes, der einen Fisch nach dem anderen tötete und ausnahm, nicht ohne Filou ein Häppchen zu reichen, bis der pappsatt war.

Die toten Fische legte der Mann in eine große blaue Truhe, bevor er die Angel wieder auswarf. Filou war das Schauspiel irgendwann müde, er legte den Kopf auf die Pfoten und dämmerte ein. Im Traum war er bei Marla und Josephine und den Kleinen im Garten von Beaulieu. Er träumte so intensiv und schlief so fest, dass er erst aufwachte, als es dämmerte. Der Mann war fort. Aber er hatte Filou zwei kleine Fischchen hingelegt, die er mit Kopf und Gräten verschlang. Er brauchte seine Kraft, denn er musste dem Zaun folgen, weiter und weiter, bis er endlich erfuhr, was dahinter lag. Und wie er endlich wieder Richtung Beaulieu unterwegs war.

ZWÖLF

Fast hätte er es übersehen, das Loch im Zaun, wenn ihn nicht ein mächtiger Windstoß gepackt hätte. Er duckte sich und tastete sich vor zum Spalt in der glatten Wand rechts von ihm, der so schmal war, dass ein Mensch nicht hindurchgepasst hätte. Das Rauschen hatte seinen Klang verändert in den letzten Stunden, aber jetzt war es ganz laut und schrecklich nah. Ein weiterer Windstoß drückte ihn zu Boden, als er den Kopf heben wollte, um hindurchzuschauen.

Endlich wagte er es. Sein Blick fiel auf eine unbekannte Welt. Ein breites dunkles Band lag tief unter ihm, es führte nach rechts hinter eine Bergkette und reichte links in langgestreckten Kurven bis zum Horizont. Lichterketten zuckten über das dunkle Band, jeweils drei nebeneinander. Die nach rechts führten, strahlten goldgelb, die nach links leuchtend rot. Er brauchte eine Weile, bis er die grauen Schatten zwischen den einzelnen Lichtpunkten erkennen konnte, und noch länger, bis er endlich begriffen hatte, was da unten vor sich ging. Es waren Autos, eines hinter dem anderen, die sich mit rasender Geschwindigkeit fortbewegten. Und ihr Motorengeräusch, das er aus Beaulieu so gut kannte, weil es Gefahr ankündigte, hatte sich zu jenem Rauschen verdichtet, dem er nun schon seit zwei Tagen folgte.

Filou wurde schwindelig vom Zusehen. Und an irgendetwas erinnerte ihn das Spektakel da unten. Genau: Fidel hatte ihm etwas erzählt über die Autos von Paris. Schnellstraßen gebe es dort, drei Reihen in die eine, drei in die andere Richtung, auf denen sich Auto an Auto bewegte. Filou erschrak. War er seit Tagen in die falsche Richtung unterwegs, war er nach Paris gelaufen statt nach Beaulieu?

Aber das konnte nicht sein. Er befragte seinen inneren Kompass. Nein – Beaulieu lag jenseits dieser gigantischen Straße, er musste hinüber, sich dann wieder rechts halten, und dann …

Er blickte hinunter auf die Autoschlangen. Nie, niemals würde er diese Straße überqueren können. Er würde wie die Igel enden, die zerquetscht auf den Straßen lagen, weil sie zu glauben schienen, ihre Stacheln machten sie auch riesigen Blechmonstern gegenüber unverwundbar. Oder er würde wie seine Mutter im Straßengraben landen.

Ratlos ließ er sich auf der Böschung nieder, den Zaun im Rücken, und beobachtete das Geschehen. Nach einer Weile sah er nicht mehr nur Lichter und Schatten. Mit aufsteigender Sonne verloschen viele der Lichter, und man erkannte einzelne der Autos. Ihre Farben: Schwarz und Grün, Weiß und Rot. Ihre Größe: klein oder lang. Einige schnell, andere schwerfällig. Manche rasten hinter den anderen her und hängten sich an sie, wie ein Hund, der ein Karnickel jagt. Bei einigen flackerten die Lichter, wenn sie sich ihrem Vordermann näherten. Manchmal leuchtete es rot, und der Vordermann wurde langsamer. Oder es blinkte gelb, mal rechts, mal links.

Je heller es wurde, desto mehr Autos waren auf der Straße. Unter das gleichförmige Rauschen mischten sich andere Laute, langgezogenes Tröten, das wie der Schrei eines Schwans klang. Und dann gingen die roten Lichter an, eins nach dem anderen. Dazwischen blinkte es gelb. Die drei endlosen Schlangen, die sich nach rechts bewegten, kamen zum Stillstand. Auch die Autos, die in die andere Richtung fuhren, wurden langsamer.

Die Sonne begann bereits zu wärmen, als es da unten auf der Straße endlich wieder weiterging. Filou beobachtete und kalkulierte. Wenn die Autos alle stillstanden, konnte er zwischen ihnen hindurchlaufen. Jedenfalls bis zur Mitte der Straße, dort, wo man eine Hecke angepflanzt hatte. Wenn er dort angekommen war, musste er warten, bis die Autoschlangen in die andere Richtung stillstanden. Aber wann würde das sein?

Unten auf der großen Straße war es ruhiger geworden. Die Abstände zwischen den Autos wurden größer. Oft dauerte es Minuten, bis auf ein Auto ein nächstes folgte. Wenn er jetzt den richtigen Zeitpunkt abpasste und hinüberlief, sobald die Lücke groß genug war ...

Aber er zögerte. Denn er wusste nicht, was ihn auf der anderen Straßenseite erwartete. Auch dort gab es einen Zaun. Aber würde der auch an der richtigen Stelle ein Loch haben, durch das er hindurchschlüpfen konnte? Oder würde er gefangen bleiben in dieser lauten, gefährlichen Autoschlucht?

Gegen Mittag, als die Sonne am höchsten stand, nahm der Autoverkehr erst wieder zu und dann schlagartig ab. Zwei Stunden lang war die Straße in beide Richtungen fast leer. Ebenso schlagartig waren sie alle wieder da, brausten vorbei, mehr, immer mehr, bis es Abend wurde und Filou nur noch rote und gelbe Lichterketten unter sich sah.

Er setzte sich auf die Hinterbeine und schaute hinab. Eine schmale Mondsichel schob sich über das bleierne Band und seine flackernden Lichterketten. Der Mond stieg höher, und der Autostrom wurde spärlicher, versickerte, versiegte. Es musste wenige Stunden vor Sonnenaufgang sein.

Seiner Erfahrung nach waren zu dieser Zeit die meisten Menschen im Bett. Dann waren sie sicher auch nicht im Auto unterwegs. Ob es einen noch günstigeren Zeitpunkt geben würde, um die furchterregende Rennstrecke da unten zu überqueren? Er zögerte. Und dann straffte er sich. Wann, wenn nicht jetzt, dachte er und machte sich an den Abstieg.

DREIZEHN

Atemlos erreichte er die andere Seite. Er hatte kaum begonnen, die Böschung zu erklimmen, als direkt unter ihm ein Auto heran- und vorbeiraste. Das war knapp gewesen. Mit zitternden Beinen kam er oben an, drehte sich um und betrachtete mit Schaudern die Strecke, die er überquert hatte. Aber er hatte es geschafft. Und jetzt war der Magnet ganz stark, der ihn in Richtung Heimat zog, nach Beaulieu. Er musste nur zurücklaufen, immer am Zaun entlang, und auf eine Öffnung hoffen. Schon nach kurzer Zeit traf er auf eine Tür im Zaun, die jemand zu schließen vergessen hatte.

Er schlüpfte aufatmend hindurch. Und wieder war er in einer anderen Welt. Nach all den endlosen Weiden und Wiesen, Wäldchen und Weihern, begrüßte ihn hier die Zivilisation. Sie kam in Gestalt zweier großer, wie geleckt glänzender Dobermänner, die sich einen Sport draus machten, ihn von einem Ende des Dorfs zum anderen zu jagen, bevor er sich mit einem beherzten Sprung über den Zaun in einen Garten retten konnte. Dort wäre er fast den Zinken einer eisernen Harke zum Opfer gefallen, die eine empörte Gärtnerin schwang. Dabei hatte er gar nicht die Absicht gehabt, in ihrem blöden Gemüsebeet zu wühlen.

Ja, das Leben hat mich wieder, dachte er, nachdem er neben einem Parkplatz eine Wiese voller Picknickreste gefunden hatte. Er mochte alles verloren haben, seine Menschen, seine Familie. Doch es gab noch immer einen Ort, in den er seine Duftmarken gesetzt hatte. Es gab Heimat. Also nichts wie hin.

Wie ein Kater im Glück folgte er seinem Stern. Vor einer Boulangerie in einem verträumten Dörfchen schenkte ein kleiner Junge ihm ein angebissenes Croissant. Am Straßenrand unterhalb eines prächtigen Schlosses überraschte das Schicksal ihn mit einer frisch überfahrenen Taube. An einem Bachlauf mit herrlich klarem Quellwasser kühlte er sich die Füße. Und immer wieder fanden sich entspannte Touristen in den Cafés und Dorfkneipen, die ihm etwas zusteckten.

Er wusste zwar nicht, ob Beaulieu vor oder hinter der Bergkette lag, die vor ihm ihre nackten Kegel in den Himmel bohrte, aber die Berge wiesen ihm die Richtung. Und endlich sah er von einer Anhöhe aus die vertraute Kulisse vor sich liegen. Die Kirche mit dem Dach aus buntglänzenden Ziegeln. Den Roche du Diable. Die Grande Rue. Das Kriegerdenkmal. Sein Herz schlug schneller. Er war zu Hause.

Er machte sich mit frischer Kraft an den Abstieg, rannte den alten Maultierpfad zwischen den kühlenden Steinmauern hinunter, über den sich Kastanienbäume krümmten, und kam schließlich an die alte Steinbrücke, die über die Ligne führte, den Fluss, der Beaulieu in zwei Teile schied.

Er wollte schon lostraben, voller Freude, und die Heimat begrüßen, als er im letzten Moment die beiden Gestalten auf der Brücke sah, die etwas über das Geländer warfen. Er hörte sie lachen. Das bedeutete nichts Gutes. Wenn Manon und Maxim an etwas Freude hatten, dann war das für andere Geschöpfe selten angenehm.

Er schimpfte sich feige, aber er nahm vorsichtshalber den Weg hinunter zum Fluss, der im Sommer wenig Wasser führte, und unterquerte die Brücke, indem er über die Steine sprang. Seine Freude war verraucht. Und ihm wurde schmerzlich bewusst, dass er kein Dach über dem Kopf hatte. Er würde wieder auf der Straße leben müssen. Kein Problem im Frühling und im Sommer. Aber was, wenn der Winter kam?

Sein altes Zuhause in Marlas Garten war einsam und leer und voller Erinnerungen an bessere Zeiten. Allein der Gedanke daran machte ihn traurig. Ob er sich an die Plätze wagen konnte, an denen sich die Katzen Beaulieus trafen, um sich bei den Touristen einzuschmeicheln? Die Katzen würden ihn wegbeißen, das war er gewohnt. Aus der Bruderschaft der Kater hatte man ihn ausgestoßen, nachdem Garibaldi die Herrschaft übernommen hatte. Auch dort würde er also nicht willkommen sein.

Selbst das alte Kellerloch, in dem Lucrezia und er vor unvordenklichen Zeiten gehaust hatten, war verschwunden, seit das Haus renoviert worden war.

Als er in die Ruelle des Charmes einbog, hörte er es wispern und scharren. Im Schatten einer Treppe spielten drei Katzenkinder, das eine schwarz, das andere getigert und das dritte schwarzweiß. Er blieb gerührt stehen, hockte sich hin, schaute zu und fing vor lauter Gefühlsduseligkeit zu schnurren an.

Mit einem leisen Fauchen fuhr der Kopf des schwarzweißen Kätzchens hoch. Das Getigerte tat es ihm alarmiert nach. Und wie der Blitz verschwanden die Kleinen hinter der Hausecke.

»Was willst du hier?« Ein tiefes Grollen hinter ihm. Er blickte sich nicht um. Er ahnte, was ihn erwartete. »Noch einen Schritt näher und ich zerfetz dir die Ohren«, fauchte es.

»Schon gut«, murmelte Filou und bewegte sich vorsichtig seitwärts.

»Mach dich vom Acker, du roter Schuft«, maulte die Stimme hinter ihm.

»Ich geh ja schon!« Filou versuchte einen letzten Rest von Würde zu bewahren und den Platz aufrecht zu verlassen. Aber schon war die kreischende Furie über ihm.

»Ich bin ja schon weg, verdammt!«, brüllte er.

»Dann mach!« Die Furie versetzte ihm einen Prankenhieb, direkt auf die empfindliche Nase, und biss ihn in die Flanke. Filou schrie auf und galoppierte mit gestrecktem Schweif davon. Im vollen Lauf, mit todesverachtendem Mut überquerte er die Grande Rue – was konnte ihm schon passieren, er hatte größere Straßen überlebt – und kam völlig außer Atem in einer stillen Seitenstraße an, die hoch zum Feriendorf führte.

Er setzte sich unter eine duftende Glyzinie, die sich über einen Zaun gelegt hatte, und verschnaufte. Wo drei kleine Katzen sind, ist die Mutter nicht fern, hättest du dir das nicht denken können, du Idiot? Und kein Tier auf Erden konnte beängstigender sein als eine den Wurf verteidigende Katzenmutter.

Sehnsüchtig dachte er an Josephine und die beiden Kleinen. Nur ihretwegen war er hier allein. Aber er hatte das Richtige getan. Ganz bestimmt. Man konnte keine Mutter von ihren Kindern trennen. Schlimm genug, dass er seine schon so früh verloren hatte.

Traurig lief er die gepflasterte Straße hoch, die links und rechts von fein restaurierten Häusern gesäumt war. Bei den meisten waren die Fensterläden geschlossen, sie wurden nur in den Ferien vermietet und standen den Großteil des Jahres leer, weshalb dort himmlische Ruhe herrschte. Im traurigsten Herbst seines Lebens – zugegeben: Es war der bislang einzige gewesen – hatte er in einer Gartenhütte auf einem der Grundstücke Zuflucht gefunden. Vielleicht würde sich auch diesmal ein Plätzchen finden.

Er wählte ein von Efeu und Glyzinien eingehülltes Haus hinter einem lavendelfarbenen Gartentor. In einem Blumenkübel mitten in einem Lavendelbeet rollte er sich auf einem Polster duftender roter Blüten zusammen. Erschöpft fiel er in einen tiefen Schlaf.

VIERZEHN

Der leise Schrei, der ihn weckte, ließ ihn blitzartig aus dem Kübel springen. Er verkroch sich unter einen Oleander, der nur wenig Schutz bot, und analysierte die Lage. War er in Gefahr? Oder wendete sich ganz im Gegenteil sein Schicksal zum Guten?

»Wir haben Besuch!« Eine Frauenstimme. »Eine Katze!«

»Bitte, Bettina! Nicht schon wieder!«

Hinter der Frau tauchte ein Mann auf, bei dessen Anblick Filou blinzeln musste. So einen Menschen hatte er noch nie gesehen.

»Du wirst mir nicht wieder alle herrenlosen Tiere des Dorfes durchfüttern! Denk an letztes Jahr auf Kreta, als du gleich zwei räudige Köter und einen einäugigen Kampfkater mit nach Hause nehmen wolltest!«

»Warte, bis du sie gesehen hast, Markus!« Die Frau namens Bettina hatte die Hand vor den Mund gelegt und sah aus, als ob sie sich das Lachen verkniff.

Was gibt's hier zu lachen?, dachte Filou vornehm. Doch auch er fand die Situation, nun: überraschend. Er hatte noch nie einen Mann mit solchen Haaren gesehen.

»Ist er einäugig? Blind? Dreibeinig? Schwanz ab? Ohren weg?« Markus nahm die Frau in den Arm.

»Nein. Er sieht sehr hübsch aus. Vielleicht ein bisschen – verhungert?«

»Ich seh schon. Dagegen müssen wir wohl was tun«, sagte Markus und verschwand im Haus. Als er zurückkam, brachte er einen Duft mit sich, der Filou schwach machte. Und dann ging der Mann auch noch in die Knie und streckte die Hand nach ihm aus. Dennoch wich Filou vorsichtshalber ein paar Schritte zurück.

»Komm, Kleiner«, lockte der Mann und wedelte mit dem, was er in der Hand hielt.

Der Duft war atemberaubend. Filou machte einen Schritt vor.

»Lecker Schinken«, sagte Markus und warf ein Stückchen in Filous Richtung. Noch eins. Und noch eins. Jetzt gab es kein Halten mehr. Filou stürzte sich auf das erste Stückchen und zerrte es hinter den Lavendel, um es zu verschlingen.

Markus lachte leise. »Was für eine Überraschung«, sagte er.

Filou wagte sich hinaus zum nächsten Stück.

»Wir haben zwar nicht den gleichen Friseur, aber die gleiche Haarfarbe«, sagte der Mann. »Hallo Bruder.«

Er hielt noch ein Stückchen Schinken in der Hand. Filo beäugte erst den Mann und dann die verlockende Speise und ergab sich.

Bruder. Der Mann war sein Bruder. Hier würde er bleiben können.

Wie lange? Egal. Heute ist heut.

Die Zeit verging. Das Wetter war milde, die Tage wurden länger, und Filou erholte sich langsam von seinen Strapazen. Er verließ den Garten kaum. Selbst zum Kriegerdenkmal lief er nicht, obwohl er Fidel gerne gesehen hätte. Wichtiger war jetzt, wieder zu Kräften zu kommen. Er machte sich keine Gedanken, was die Zukunft betraf. Das würde sich weisen.

Und so dachte er sich nichts dabei, als eines Morgens Markus vor ihm stand, der Mann mit den leuchtend roten Haaren, früher als sonst. Aber für ein Schälchen Katz-Gourmet war eigentlich immer Zeit.

Markus sah zu, wie er sein Frühstück dankbar verputzte. »Mein kleiner roter Bruder. Ich hoffe, du kannst mir verzeihen.«

Wieso verzeihen? Das Futter war großartig.

»Sie ist ... Bettina ist ...« Markus stockte. Filou leckte sich die Lefzen und schnurrte beruhigend. Bettina war prima, soweit es ihn betraf, auch wenn sie ein bisschen zu oft versuchte, ihn auf den Arm zu nehmen, was er überhaupt nicht mochte.

»Ich glaube, sie ist manchmal einsam.«

Filou sah auf. Wieso einsam? Sie hatte doch Markus. Er senkte den Kopf wieder über die Schale, um sie sauber auszulecken.

»Aber im Urlaub streunende Tiere aufsammeln ist nicht die Lösung. Verstehst du?«

Klar, dachte Filou. Verstehe.

»Sie hat gestern ein Katzenkörbchen gekauft. Für die Autofahrt zurück.«

Filou hätte sich fast verschluckt.

»Und deshalb – roter Bruder – so leid es mir tut ...« Markus erhob sich, das Gesicht verzerrt. »Verschwinde!«

Und dann kam ein Fuß in braunen Ledersandalen angeflogen. Filou war verschwunden, bevor er ihn treffen konnte.

FÜNFZEHN

»Ja, die Liebe«, sagte Fidel, hob das schwere Kinn und schaute versonnen zu den Spatzen hinüber, die oben auf dem weißen Obelisken des Kriegerdenkmals hockten und lärmend palaverten. »Sie macht uns groß. Sie macht uns klein.«

»Von Liebe war nie die Rede.« Filou inspizierte die Krallen an seiner rechten Pfote. »Für mich war es ein Bratkartoffelverhältnis. Sozusagen.«

»Ich weiß, dass du ein Herz aus Stein hast, roter Bruder.«

Roter Bruder. Den Namen kriegte er wohl nie mehr los. »Herz oder nicht, meine Lage ist düster.«

Fidel schnaubte. »Die Sonne scheint, die Spatzen lärmen – wo ist da Düsternis?«

»Ganz einfach: Im Unterschied zu dir habe ich keine Festanstellung mit Kost und Logis.«

»Hm.« Fidel legte den runden Kopf auf die Pfoten und schloss die Augen. »Hörte ich dich nicht einst die Freiheit preisen? Warst du nicht der Inbegriff des unabhängigen Geistes, der über den niederen Trieben schwebt? Freiheit von allen Notwendigkeiten oder so ähnlich?«

Jetzt kommt der Dicke wieder mit seinem Philosophiekurs, dachte Filou und gähnte demonstrativ. »Auch der freie Geist braucht was zu essen«, murmelte er.

»Ah! Erst das Fressen, dann die Moral?«

»Jetzt tu mal nicht so überlegen, ja? Freiheit von Hunger und Durst gehört zum Naturrecht aller lebenden Kreatur.«

»Natur? Du sprichst von Natur? Vom Überlebenskampf aller gegen alle?« Der Mops tat unschuldig.

»Meine Güte, du weißt doch, was ich meine! Man hat ein Recht auf Leben, auch wenn man seinem Menschen die Leine nicht hinterherträgt wie der Sklave die Kette!«

»Du missverstehst da was. Aber das ist ja nichts Neues.« Fidel zuckte mit dem linken Ohr, auf das sich eine Ameise verirrt hatte. »Ich trage meine Leine mit Stolz. Sie symbolisiert die tiefe …«

»Verbundenheit zwischen Herr und Hund, jaja.« Filou kannte das Argument zur Genüge.

»Freiheit wozu?« Fidel hob die Schnauze und warf sich in die Brust. »Freiheit wovon? Das sind die entscheidenden Fragen.«

»Freiheit von Knechtschaft!«, rief Filou und dachte an den Schwur, den sich die Kater Beaulieus gegeben hatten, einst, auf der Felsnase des Roche du Diable, als es gegen die Vorherrschaft der Katzen ging. »Wir wollen frei sein, wie die Väter waren. Eher den Tod, als in der Knechtschaft leben««, deklamierte er feierlich.

»*Parole, parole!*« Fidel schnaubte. »Leeres Pathos.

Keine Freiheit auf der Welt ist es wert, die Liebe zu verlieren.«

»Liebe nennst du, was dich fesselt? Mir sah es wie eine Hundeleine aus«, spöttelte Filou.

»Freiheit wozu?«, sagte Fidel würdig. »Darauf kommt es an. Ich nehme mir die Freiheit, meinen Menschen zu lieben. Freiheit heißt, sie auch opfern zu dürfen – denen, die man liebt.«

Freiheit. Liebe. Opfer. Filou schwirrte der Kopf. Er hatte seine Freiheit wieder, aber er wäre lieber bei seinen Lieben geblieben. Oder?

Kurz entschlossen erzählte er Fidel die ganze traurige Geschichte.

»Und dann bist du aus dem Auto gesprungen?« Der Mops machte große Augen. »Und niemand hat es gemerkt? Also mein Herrchen hätte das sofort gespürt.« Er hob theatralisch die Pfote. »Mit dem Herzen und mit der Seele.«

Filous Nackenhaare begannen sich aufzustellen. Wollte der Mops etwa andeuten, dass Marla ... »Du scharwenzelst ja auch Tag und Nacht um ihn herum. Marla respektiert meine Freiheit und Unabhängigkeit«, fauchte er.

»Schon. Aber sie muss doch *gespürt* haben, dass du nicht mehr im Auto bist. ›Man sieht nur mit dem Herzen gut. Das Wesentliche ist für die Augen unsichtbar‹«, deklamierte Fidel. »Antoine de Saint-Exupéry. Der kleine Prinz, *you know*.«

»Verschon mich mit deinen Sonntagsreden«, fauchte Filou und machte einen Buckel. »Ich bin fort, damit die Kleinen bei Josephine bleiben können. Das ist alles.«

»Beruhige dich.« Fidel hatte Samt in der Stimme. Wahrscheinlich hätte er vertrauensbildend geschnurrt, wenn er gekonnt hätte. »Was du gemacht hast, ist eine wahre und wahrhaftige Heldentat. Du hast alles aufgegeben, damit deine Familie zusammenbleiben kann. Du hast dich geopfert für das Glück anderer. Das zählt! Das allein!«

Filou glaubte für einen Moment, in Fidels Faltengesicht so etwas wie echte Anerkennung zu lesen. Das überraschte ihn. Und es überraschte ihn auch, dass ihn das stolz machte.

»Du verstehst also durchaus, was ich meine: Für die Liebe bringt man Opfer. Ich fühle mich ganz klein neben dir. Denn was ist schon eine Hundeleine gegen das Opfer, was du erbracht hast?«

Filou wollte widersprechen. So hatte er das nicht gemeint. Und außerdem – opferte der Mops nicht seine Freiheit für so profane Dinge wie regelmäßige Mahlzeiten und ein weiches Plätzchen zum Schlafen?

»Ganz falsch«, entgegnete Fidel. »Ich mache meinem Menschen eine Freude, wenn ich gut esse und regelmäßig verdaue und selig seufze beim Schlafen.«

Filou war sprachlos. Dieses Argument kam ihm irgendwie – unredlich vor.

»Niemand hat ein Recht auf Kost und Logis. Aber

wenn man es annimmt, um einem anderen eine Freude zu machen, dann ist die bloße Notdurft des Leibes doch der edelste Zweck, den man sich denken kann, oder?«

Sehr unredlich. Geradezu unverfroren. Einfach genial. Filou wollte Fidel schon zu seinem rhetorischen Kunststück gratulieren, als der weiße Dickwanst plötzlich zu hecheln begann.

Überraschend behände war er auf den Beinen, ließ die rote Zunge aus dem Maul hängen und begann, mit dem Stummelschwanz zu wackeln. Dann wackelte der Hintern. Und schließlich bebte der ganze Kerl, auch die Speckröllchen wabbelten mit. Das konnte nur eines heißen: Herrchen war in Sicht.

»Lauf nicht weg. Bleib sitzen«, brummte Fidel. »Damit er sich an dich gewöhnt. Falls du mal wirklich nicht weißt, wohin du kannst.«

»Ahhh, die beiden ungleichen Freunde. Weiß und rot. Würstchen mit Ketchup. Habt ihr euch gut unterhalten?«

Fidel wackelte auf Herrchen zu, als ob ihm die Beleidigung entgangen wäre. Filou machte einen Schritt zurück und spannte die Muskeln an, bereit zum Abgang.

Herrchen tätschelte seinen Mops ohne große Anteilnahme und starrte in Filous Richtung. Das gefällt mir nicht, dachte Filou. Nein, gar nicht.

»Was machst du überhaupt hier, roter Bruder? Ich

dachte, Frederick und Ivonne wären längst in Paris? Mitsamt Marla und den Katzen?«

Filou machte einen weiteren Schritt zurück. Verdammt, dachte er. Und wenn Herrchen mich verrät?

Fidel drehte sich wie ein Brummkreisel, kläffte und sprang nach der Leine, die Herrchen in der Hand hielt. Er versuchte, mit allen Tricks die Aufmerksamkeit auf sich zu lenken. Das musste man ihm lassen: Er war ein treuer Freund.

»Haben sie dich vielleicht vergessen?« Herrchen ließ sich nicht ablenken. »Das ist ja ein Ding. Dann hast du gar kein Zuhause mehr?«

Fidel ließ sich fallen und hechelte mit heraushängender Zunge. Siehst du, sagte sein Blick, er denkt etwas langsam, aber er ist der richtigen Idee auf der Spur.

Herrchen kniete sich neben den Mops und legte den Arm um ihn. »Und was sagst du dazu, Fettröllchen? Na? Wollen wir deinen Freund hier zu uns einladen?« Fidel wedelte vor Begeisterung mit allem, was er hatte, und versuchte, Herrchen am Kinn zu lecken.

Der grinste, tätschelte seinen Köter und stand wieder auf. »Wenn du dein Essen teilen musst, nimmst du vielleicht schneller ab. Also …«

Fidel tat noch immer, als ob er sich riesig freute, aber sein Blick sprach Bände. Essen teilen? Was für eine perverse Idee!

Das kann ja heiter werden, dachte Filou.

»Na dann auf, ihr beide. Komm mit, roter Bruder.«

Die letzte Beziehung, in der ich der rote Bruder war, endete mit einem Fußtritt, dachte Filou. Aber Geschichte wiederholt sich nicht. Höchstens, wie Fidel einmal behauptet hatte, als Witz. Also werde ich wenigstens was zu lachen haben.

»Vergiss die Leine nicht«, rief Herrchen dem vorauhoppelnden Fidel nach, der pfeilgerade wieder umkehrte, die Leine schnappte, die noch auf dem Boden neben dem Kriegerdenkmal lag, und wieder nach vorne lief.

»Das hat er ja noch nie gemacht«, sagte Herrchen, als ob er mit Filou sprechen wollte. »Die Leine liegenlassen! Die ist sein Heiligtum. Dabei braucht er sie gar nicht, er folgt auch so aufs Wort.«

Er hat die Unterwerfung verinnerlicht, dachte Filou, und ihm wurde ganz klamm beim Gedanken an das, was ihn erwartete. Ob man auch ihm ein Halsband umlegen würde? Ob er nun baden musste, wie Fidel, einmal die Woche?

SECHZEHN

Fidels Zuhause lag in der Ruelle des Charmes, in einem schmalen Häuschen, eingeklemmt zwischen dem Haus eines Anwalts und dem einer alten Dame, der Filou hin und wieder auf dem Markt begegnet war. Der Flur war dunkel, es roch nach nassem Hund. Filou zögerte. Was sollte er hier? Was *wollte* er hier? Er war Freiheit gewohnt, helle Zimmer und einen großen Garten. Und jetzt das?

Fidel war bereits hineingehuscht, und Herrchen stand ungeduldig in der Tür.

Mit gesenktem Schweif ergab Filou sich in sein Schicksal und trat ein.

Der übelriechende Flur war elend lang und endete an einer Holztür, vor der Fidel stand und von einer Pfote auf die andere trat. Er stürmte hindurch, als Herrchen sie aufriss. Aber Filou blieb wie geblendet stehen. Vor ihm lag eine große, sonnige Küche, die auf eine Veranda führte. Die Tür zur Veranda stand offen – dort sah er Fidel vor einer großen Schüssel hocken und etwas in sich hineinschlingen.

»Hunger? Dann schau mal, ob die Töle was für dich übriglässt!«

Zögernd lief Filou durch die Tür. Ihn empfing ein Laut, bei dem sich seine Haare aufstellten. Ein tiefes, gefährliches Knurren.

»Glaub ja nicht, dass ich ab jetzt mit dir teile.« Fidel versuchte, die große Schüssel mit seinem ganzen Körper abzuschirmen. Er beeilte sich sichtlich, sein Fressen möglichst schnell hinunterzuschlingen, damit Filou keinen Bissen abbekam.

Filou blieb an der Tür hocken und sah dem Mops zu, während sein eigener Magen zu knurren begann.

»So also sieht deine Freundschaft aus«, bemerkte er nach einer Weile nüchtern. »Was sagtest du noch über die Freiheit, auch opfern zu dürfen?«

»Du verwechselst da was«, schmatzte Fidel. »Das war in einem ganz und gar anderen Kontext.«

»Wo ist dein edles Gemüt? Dein Mitleid mit den Witwen und Waisen?«

»Erst kommt das Fressen …«

»Und dann die Moral, ich weiß. Was ich nicht mehr weiß: wozu hast du mich eigentlich mit hierhin genommen? Verhungern kann ich genauso gut auf der Straße.«

Fidel hob den Kopf und leckte sich die fetttriefenden Lefzen. In der Schüssel lagen nur noch ein paar Bröckchen.

»Du verstehst die Logik nicht«, brummte der Mops. »Wenn ich mit dir teile, gibt es demnächst weniger, weil das ja beweist, dass ich auch mit weniger auskommen kann. Das darf man gar nicht erst einreißen lassen. Wenn Herrchen aber sieht, dass du leer ausgegangen bist, gibt es ausreichend für beide. Kapiert?«

Herrchen stand in der Tür. Lachend. »Fidel, du Ungeheuer! Hast du deinem Freund denn gar nichts abgegeben?«

Der Mops erhob sich, bewegte den Schwanz, als ob er um Verzeihung bitten wollte, und schaute mit großen, flehenden Augen auf zu Herrchen. Der seufzte, ging zurück in die Küche und kam mit einer kleineren Schüssel zurück. »Und das ist für dich, roter Bruder«, sagte er. »Und lass dem Mops nichts übrig.« Filou ließ sich das nicht zweimal sagen und schlang das Futter in sich hinein. Er verschluckte sich fast vor Gier. Man konnte sagen, was man wollte: Fidel war ein verdammt schlauer Kerl.

Der schlaue Kerl lag unter einem Topf mit knospendem Jasmin im Schatten und säuberte seine Pfoten.

»Und?«, fragte er, als Filou Atem holte.

»Köstlich«, sagte der. »Wie oft wird am Tag serviert?«

»Einmal!« Fidel wirkte indigniert. »Was glaubst denn du? Wir sind hier nicht im Schlaraffenland!«

Schade eigentlich, dachte Filou und legte sich neben Fidel. Zwischendrin wachte er auf, weil der Mops schnarchte und die Sonne weitergewandert war und ihm auf den Pelz brannte. Dann dämmerte er wieder weg und träumte.

Von Marla. Sie stand im Garten und sprach mit heller Stimme die Zauberworte, ganz so, wie er sie das erste Mal gehört hatte, damals, als er in ihrem Garten unter dem Mimosenbaum eingeschlafen war. Arbutus unedo. Nepeta cataria. Lavandula angustifolia. Dann wechselte der Traum den Schauplatz, und nun war er bei Lucrezia, als sie nicht nur die schwarzen Kampfkater, die Beaulieu terrorisierten, sondern auch noch den bösartigen Dobermann aus der Ruelle des Camisards in die Flucht schlug. Damals hatte er sie das erste und einzige Mal bewundert. Und endlich träumte er von Josephine, der Glückskatze. Seiner Glückskatze.

Nur ungern wachte er auf, weil Fidel neben ihm laut schnaufte und ächzte, während er sich aufrappelte.

»Auf«, brummte der Mops. »Es ist Zeit.«

»Zeit für was?« Filou gähnte und inspizierte angelegentlich seine Zehen. Die Krallen mussten mal wieder geschärft werden.

»Morgens Café, abends Café. Du solltest dir das merken.«

Und da stand auch schon Herrchen. »Wird's bald, ihr vollgefressenen Faultiere!«

Was für eine liebevolle Anrede. Während Fidel sich schier umzubringen schien vor Freude, stand Filou ohne unnötige Hast auf, reckte und streckte sich und folgte den beiden durch den langen dunklen Flur zur Haustür.

SIEBZEHN

Schon nach ein paar Metern die Straße hoch ahnte Filou, was auf ihn zukommen würde. Fidel, der mit der Leine im Maul vorausgelaufen war, blieb stehen, ließ die Leine fallen, drehte sich um und blickte Filou erwartungsvoll an. Der versuchte, den auffordernden Blick zu ignorieren, und wollte nonchalant am Mops vorbeitraben. Doch der Dicke stellte sich ihm forsch in den Weg.

»Und?« Der Mops rollte mit den Augen. »Wie macht man, wenn man ein würdiger Hund sein will?«

»Keine Ahnung.« Immer cool bleiben.

»Man trägt eine Leine, okay?«

Filou sprang vor Entsetzen in die Luft.

»Und wenn man sie nicht um den Hals haben will, dann macht man was?« Fidel setzte eine milchweiße Pfote auf die Leine und verzog das Maul.

»Weiß ich doch nicht!« Er wusste es ganz genau.

»Na?«

Ein schriller Pfiff ließ beide zusammenzucken. »Dumm rumstehen und glotzen könnt ihr auch nachher noch«, brüllte Herrchen. »Und jetzt Bewegung bitte!«

Filou senkte den Kopf. Ihm wurde fast übel beim

Anblick der Leine. Jeder Zentimeter war angeknabbert und angesabbert. Und die sollte er…? Er schüttelte den Kopf.

»Naaaa?«, knurrte Fidel.

Widerstrebend nahm Filou ein Ende der Leine ins Maul, das andere hatte Fidel bereits gepackt. Fast hätten sie sich in der Leine verwickelt, bevor sie Flanke an Flanke lostrabten, Herrchen hinterher.

Hoffentlich sieht mich keiner so, dachte Filou. Doch die Chance dafür war gering. Auf der Grande Rue mussten sie eine Weile warten, weil Herrchen einen Freund getroffen hatte, auf den er gestenreich einredete. Filou verging fast vor Scham, sodass Fidel ihm erlaubte, die Leine fallen zu lassen, während die Männer redeten.

Doch der Friede währte nicht lange. Der Mops hatte klare Vorstellungen von Filous Rolle. »Du solltest vielleicht ein wenig mit dem Schwanz wedeln, damit man deine gutmütige Gesinnung erkennt.«

Mit dem Schwanz wedeln? Das konnte er haben. Filou brachte seine Rute auf doppelten Umfang, zuckte mit der Schwanzspitze und fegte dann in weitem Bogen den Raum hinter ihm. Ein deutliches Zeichen von Missbilligung. Bei manchen Katern ein Signal, dass sie an gewisse einschüchternde Gewaltmaßnahmen denken. Auf jeden Fall nichts, was man als »gutmütig« interpretieren konnte.

Fidel wusste das natürlich auch. »Nicht so aggressiv! Du sollst freudig mit dem Schwanz wedeln, so wie ich!« Und wieder ließ er seinen Stummelschwanz rotieren. Mitleiderregend, dachte Filou.

Viel schlimmer war, dass Fidels Gutmütigkeitswedeln Herrchen aufmerksam gemacht hatte. »Das ist übrigens mein Hund, Mops Fidel«, sagte er zu seinem Gesprächspartner, der sofort in die Knie ging und Fidel die Hand hinstreckte. Fidel schaute hündisch-ergeben auf und hob huldvoll die Pfote, die der Mann kräftig schüttelte.

Wenigstens hat er ihm nicht gleich die Hand abgeschlabbert, dachte Filou angeekelt.

»Und das hier …« Herrchen zeigte auf Filou. »Das ist Fidels bester Freund.«

»Katz und Hund? Befreundet? Das gibt's doch nicht!«

»Doch. Unzertrennlich. Ich nenne die beiden Würstchen mit Ketchup.«

Der andere schüttete sich aus vor Lachen. »Gibt die Katz auch Pfötchen?«

Herrchen schaute zweifelnd auf Filou hinab, der die Ohren angelegt hatte. »Ich glaube nicht, aber wenn du es versuchen willst …«

Der Mann ging wieder in die Knie. Filou versuchte, sich zu beherrschen und weder zu fauchen noch zu beißen. Vorsichtig nahm er Witterung auf. Das Jackett des Mannes roch nach Zigarettenrauch und Kaffee. Und nach nasser Wolle. Es müsste mal wieder in die Reinigung, dachte er. Und der Mann selbst? Roch nach Rotwein und Ziegenkäse. Kein schlechter Geruch. Filou stellte die Ohren auf, legte sich den Schwanz vor die Vorderpfoten und hob schließlich die Rechte. Erstaunlicherweise war der Mann ganz sanft und zart. Er hat Angst vor meinen Zähnen, dachte Filou, der nicht wusste, ob er knurren oder schnurren sollte.

»Das gibt's doch nicht!«, murmelte der Mann und stand wieder auf. »Die beiden sind zirkusreif!«

»Gute Idee«, sagte Herrchen und lachte. »Die können ruhig mal was tun für ihr Futter. Fressen mir die Haare vom Kopf.«

»Dafür hast du aber noch eine ganze Menge!« Der Mann lachte wieder und schlug Herrchen die Pranke auf die Schulter. »Also – man sieht sich!«

»Bis bald, mein Lieber!«

»Aufgepasst!«, zischte Fidel. »Und …«

»Los geht's!«, rief Herrchen. Und zu seinem eigenen Erstaunen packte Filou im gleichen Moment wie Fidel die Leine, um dem Mann hinterherzutraben. Wie ein Hundchen. Wie ein verdammtes, versklavtes Schoßtier, dachte er finster.

ACHTZEHN

Langsam begann Filou zu begreifen, auf was er sich eingelassen hatte. Wenn ihn jemand sah, war sein Ruf ruiniert. Er würde sich in keiner Katzengesellschaft mehr blicken lassen können. Selbst die Hunde des Dorfes würden über ihn lachen. Er war verloren.

Mit gesenktem Kopf schlich er neben Fidel zum Place de la Patrie und versuchte, sich möglichst klein zu machen, was ziemlich aussichtslos war neben einem Mops. Und dann bogen sie auf den Platz ein, zum Kriegerdenkmal, direkt gegenüber vom Café de la Paix, das Herrchens zweite Heimat zu sein schien.

Erst war es nur ein Wispern, das Filou aus einer Seitengasse entgegenkam. Dann hörte er es trappeln. Er legte die Ohren an und senkte den Kopf. Und jetzt quoll ihnen eine Armada von Fellknäueln entgegen, weiße, schwarze, rote, getigerte. Alle Katzen Beaulieus, ach was, alle Katzen der Welt strömten aus der Gasse auf den Platz, auf dem Fidel und Filou wie erstarrt stehen geblieben waren, die Leine noch im Maul. Er würde das Gelächter nie vergessen. Bis ans Ende seines Lebens nicht.

Rasend vor Demütigung ließ er Fidel mit seiner Leine stehen und sprang in einem Satz über den schütteren Eisenzaun, mit dem das Lavendelbeet vor dem Obelisken eingefasst war. Er duckte sich tief hinein unter das harte Kraut, das noch nicht blühte, und hoffte, dass das Spektakel bald vorbei war.

»Yallah! Yallah!«, hörte er Garibaldi rufen, den Einäugigen unter Beaulieus Kampfkatern, den er einst fast besiegt hätte, wenn nicht ein Schwall Wasser aus einem Fenster über ihnen dazwischengekommen wäre. »Ach, lasst ihn doch, den armen Versager«, hörte er Diabolo schnurren. Nur Maurice sagte nichts. Als Magnifico noch lebte, waren sie zu viert, jetzt nur noch zu dritt, die heimlichen Herrscher Beaulieus. »Groß, schwarz, stark – mehr Kater braucht es nicht«, pflegten die Brüder zu sagen. Und danach handelten sie auch.

»Die arme Socke! Muss Pfötchen geben und neben dem Hündchen die Leine tragen!« Mignon schüttete sich fast aus vor Heiterkeit.

»Lasst doch den Kleinen. Der ist lebensuntüchtig. Ohne Luc hätte der nie überlebt.« Mimi. Die hatte gut reden. Erst räudige Straßenkatze, dann Festanstellung bei der Auberge Fleuri. Und die Wahrheit über Luc lautete ganz anders.

»Luc hat alles versucht, um ihm das Mausen beizubringen. Aber der Kerl hat's einfach nicht kapiert. Ein Sprung, ein Tatzenschlag und aus die Maus. Mein Gott, das kann doch schon ein kleines Kätzchen!«

Luc hat mich ausgebeutet, ihr Heuchler, hätte er am liebsten gerufen. Sie hat so getan, als ob sie alt und gebrechlich wäre, und mich Futterholen geschickt. Und ihr – ihr habt mir keine Chance gelassen.

Wie bittere Galle stieg die Erinnerung in ihm hoch. An die Markttage in Beaulieu, an denen er sich als Einziger mit einer harten Käserinde zufriedengeben musste, während die anderen köstliche Fischreste serviert bekamen.

Versager. Idiot. Schande der Katzenschaft. Man müsste ihn aus der Stadt jagen. Von allen Seiten zischelte und fauchte es, bis Fidel vor dem Zaun zu kläffen begann.

»Was ist denn hier los?« Herrchens Stimme. Und wie eine flüsternde Welle verflüchtigten sich die Stimmen. Filou atmete tief durch. Sie waren fort. Für heute. Aber für sein Leben in Beaulieu gab er nicht mehr viel.

Er legte den Kopf auf die Pfoten und wollte sterben. Träumen – von Josephine und den Kleinen. Von Marla. Und dann sterben.

»Auf, nach Hause, alter Junge. Wo ist dein roter Bruder?«

Fidel winselte.

»Weggelaufen? Ja, so sind sie, die Katzen. Unabhängig und frei. Egoistisch und gefühllos. Such dir die Deutung aus, die dir am besten gefällt«, sagte Herrchen. Filou sah durch das Eisengitter, dass er sich herabgebeugt hatte und Fidels Ohren streichelte. »Und jetzt komm.«

Aber Fidel sträubte sich. Kläffte und winselte.

Halt die Klappe, Dicker, und verschwinde endlich, dachte Filou und duckte sich tiefer unter den Lavendel.

Herrchen mochte zwar eine lange Leitung haben, aber dumm war er nicht. Leider. Irgendwann teilte sich das Gestrüpp über Filous Kopf, und zwei Hände hoben ihn heraus, obwohl er sich in den Boden krallte und ganz steif machte. Dann saß er auf Herrchens Arm, der auf ihn einredete, ganz leise und ganz sanft. Und ihm die Ohren kraulte dabei. Ohne es zu wollen, begann Filou sich in die Armbeuge des Mannes zu lehnen und, ganz aus Versehen, zu schnurren. Da waren sie bereits zu Hause angekommen, in der Ruelle des Charmes, wo Herrchen seinen ergebenen Sklaven groß auftischte. Zum Abschluss gab es sogar für jeden ein Stück Schinken – und für Filou ein eigenes Kissen auf der Bank.

Du hast nie ein Sklave sein wollen, dachte Filou, bevor er eindämmerte. Aber seit heute weißt du: Es gibt Schlimmeres als das.

NEUNZEHN

»Mea culpa. Mea maxima culpa.« Der Dicke stotterte vor Verlegenheit. »Ich hatte nicht … ich dachte bloß … mir war nicht klar …«

Filou hatte ihn noch nie so aufgelöst und so ratlos erlebt. »Hör auf, dich an die Brust zu schlagen«, sagte er irgendwann müde. »Wer konnte schon wissen, dass man bei deinem Herrchen nicht Hund sein muss, um gut behandelt zu werden.«

Fidel, eben noch am Boden zerstört, richtete sich stolz auf. »Ja, er ist großartig, nicht wahr? Unerschrocken ist er der Meute entgegengetreten, hat dich vor den Feinden gerettet …«

Filou gähnte. »Findest du nicht, er hat ein bisschen lange gebraucht, um auf dein Kläffen und Winseln zu reagieren?«

Fidel drehte sich zu ihm um, die schwarzen Augen glühten. »Du undankbares Geschöpf«, zischte er, »was wagst du …«

»Beruhige dich«, unterbrach Filou ihn hastig. »Ich habe nicht ihn kritisiert, sondern lediglich darauf hingewiesen, dass auch die Verständigung zwischen Herr und Hund nicht die einfachste Angelegenheit zu sein scheint.«

Dem Himmel sei Dank: Der Mops beruhigte sich und schien nachzudenken. Auf eines konnte man sich verlassen: Auf Argumente reagierte Fidel immer.

»Ich meine: Du hast gedacht, ich müsste als Hund daherkommen, damit er mich aufnimmt. Und er hat gedacht, du kläffst, weil du enttäuscht bist von mir.«

Fidel nickte bedächtig. »Da mag was dran sein. Es bestätigt den alten Satz, dass nichts zu mehr Missverständnissen führt als Kommunikation. «

»Hm«, machte Filou und streckte sich gähnend, bevor er sich auf seinem Kissen in eine bequemere Position brachte. »Missverständnisse liegen nah, wenn man nicht die gleiche Sprache spricht.«

»Sicher. Sicher. Schon recht. Ja.« Fidel hob den Hinterlauf und kratzte sich lange und gründlich hinter dem Ohr. »Und was lehrt uns das?«

Dass ich mich nie wieder in Beaulieu blicken lassen kann, dachte Filou. »Dass ihr demnächst bei euren täglichen Inspektionen des Soziallebens im Café de la Paix auf meine Begleitung verzichten müsst. Ich will mich nie wieder zum Gespött des Mobs machen.«

»Verstehe.« Fidel nickte betrübt. »Aber du wirst doch jetzt nicht für immer und ewig hier auf der Veranda und im Garten bleiben wollen? Eingesperrt? Wo bleibt da die Freiheit?«

Das machte auch Filou zu schaffen.

»Ich denke darüber nach«, sagte er und ließ den Kopf auf die Pfoten sinken.

Eine Hitzewelle beendete das Frühjahr. Die porzellanweißen Blüten des Steinlorbeers wurden braun, die rosa Apfelbaumblüten trieb der warme Wind fort, und aus den lavendelblauen Trauben der Glyzinien wurden unansehnliche Schoten. Die Wärme ließ die Rosenknospen in Rekordtempo anschwellen und aufbrechen. Filou lag den ganzen Tag herum und träumte. Manchmal legte er sich auf die Wiese und beobachtete die Straße, auf der ganze Kolonnen von Ameisen Richtung Veranda wanderten. Dort versammelten sie sich unter dem Frühstückstisch, um auf Krümel zu warten. Wenn er und Fidel die Schüsseln nicht sauber ausgeleckt hatten, wimmelten sie vor schwarzen Ameisen, was Herrchen stets in helle Aufregung versetzte. Manchmal haschte Filou müde nach einer Hummel oder einer Biene oder einem frühen Schmetterling. Aber Herrchen und Fidel fanden ihn immer an derselben Stelle vor, wenn sie von ihren Exkursionen zurückkamen.

»Du wirst dick«, sagte Fidel eines Tages kritisch. »Du lebst zu gut.«

Nein, dachte Filou. Das ist Kummerspeck. Aber er wollte nicht undankbar erscheinen und sagte nichts.

Auch Herrchen schien ihn besorgt zu mustern. »Was ist los mit dir, roter Bruder? Muss ich dich zum Tierarzt bringen?«

Das, immerhin, brachte ihn auf Trab. Er ließ sich einen Tag und eine Nacht nicht mehr blicken, verschanzte sich in einem kühlen Hohlraum unter der Veranda und ließ Herrchen rufen und Fidel winseln. Doch irgendwann wurde der Hunger übermächtig.

»Na endlich«, brummte Fidel, als Filou sich zum Frühstück neben ihn setzte. »Ich dachte schon, du machst Diät.«

»Du hast dich also doch nicht auf Französisch verabschiedet«, sagte Herrchen mit mildem Vorwurf in der Stimme und stellte ihm sein Schüsselchen vor die Nase.

Auf Französisch? Wie ging das? Der Gedanke kam und ging schnell wieder, als ihm der Geruch in die Nase stieg. Katz-Gourmet. Lachs-Mousse mit Eierschaum. Köstlich. Diesmal verschlang er sein Futter schneller als Fidel, der ihn zweifelnd von der Seite anblickte, während er die letzten Happen aus der Schüssel leckte.

»Hast du so viel Angst vorm Tierarzt?«, sagte Herrchen milde, kraulte ihm die Ohren und tätschelte Fidel. »Keine Sorge. Der ist im Urlaub. Außerdem glaube ich langsam, dass deine Probleme nicht physischer Natur sind. Sondern seelischer, stimmt's?«

»Seele. Ein interessantes philosophisches Konzept«, murmelte Fidel, der sich auf die Seite gelegt hatte, der besseren Verdauung wegen. »Die geistige Welt ist sich nicht einig, ob es überhaupt eine Seele gibt. Und ob Tiere eine haben. Es ist ja sogar umstritten, ob unsereins Gefühle hat.«

Filou kauerte sich neben ihn und gähnte. »Quäle nie

ein Tier zum Scherz, denn es könnt geladen sein.« Das hatte Frederick gesagt, wenn Ivonne wieder einmal drastische Maßnahmen verkündete, was die Hygiene und die Katzen betraf.

Fidel gluckste.

Herrchen klapperte in der Küche mit Geschirr. Eine Hummel kurvte geschäftig über ihren Nasen. Eine Flotte Mauersegler zischte lärmend vorbei. Die Kirchturmglocken läuteten. Friede in Beaulieu.

Vorübergehend.

ZWANZIG

Ich hätte nicht gedacht, dass du so schnell aufgibst«, meinte der Mops nach einer Weile.

Wer konnte wieder mal die Schnauze nicht halten? Fidel. Wer sonst. Waren alle Philosophen so geschwätzig?

Filou legte die Ohren an. »Ich gebe nicht auf! Ich …«

»Nur weil der Mob gelacht hat, traust du dich nicht mehr raus? Bist du ein Warmduscher? Ein Stoßlüfter? Ein Waschlappen?«

»Bin ich *was*?«, fauchte Filou. »Mops, du redest dich um Kopf und Kragen!«

Fidel rappelte sich langsam hoch, setzte sich auf die Hinterbeine und fletschte die Zähne. »Ach? Soll ich vielleicht Angst vor dir haben? Ich, der auf deiner Seite steht? Warum machst du den anderen nicht Angst, dem feigen Gesocks da draußen auf der Straße?«

»Weil …« Weil sie zu viele sind. Weil ich ihre Bosheit kenne, seit ich ein Jungkater war. Weil ich ein Trauma habe, verdammtnocheinsverstehstdunicht? »Weil…«

»Weil du eine schlimme Jugend hattest, ich weiß. Aber gegen schlechte Erfahrungen hilft nur eins: sie wiederholen, und für einen besseren Ausgang der Geschichte sorgen.«

»Super Idee«, murmelte Filou.

»›Si vis pacem, para bellum.‹ Steht schon bei Vegetius, jedenfalls so ähnlich.«

»Ah – ja?«, machte Filou.

»›Wenn du Frieden willst, mach dich zum Krieg bereit.‹ Sun Tzu vertritt nur scheinbar eine Gegenmeinung, wenn er ›Wahrhaft siegt, wer nicht kämpft‹ postuliert. Gelungene Abschreckung – para bellum – verhindert schließlich den Krieg. Andererseits …« Der Blick des Mopses ging in die Ferne.

Filou ließ sich wieder sinken. Wenn der Erleuchtete ins Grübeln kam, konnte das dauern.

»Es heißt auch: ›If you can't beat them, join them.‹ Aber das scheint mir gerade das Problem zu sein, oder?«

»Du sprichst in Rätseln, Meister«, sagte Filou müde.

»Alte englische Weisheit: ›Wenn du sie nicht besiegen kannst, schließ dich ihnen an.‹«

»Aber *sie* haben mich doch ausgestoßen, wie kann ich dann …«

»Sag ich ja. Vielleicht ist Clausewitz der Richtige für uns?«

»Mausewitz? Soll ich das komisch finden, Mops?«

»Clau-, wie Klaue. Und der sagte: ›Krieg ist die Fortsetzung der Politik mit anderen Mitteln.‹ Das heißt: Krieg nur dann, wenn die Politik versagt. Und daraus wiederum folgt …«

»Was redest du denn von Krieg? Übertreibst du nicht ein bisschen?«

»Wenn du mich nicht dauernd unterbrechen würdest, wäre ich schon viel weiter mit meinen Überlegungen«, sagte der Mops und hob die weiße Pfote. »Ich hab's: ›Im Krieg und in der Liebe ist alles erlaubt!‹ Napoleon der Große. Seine Josephine hatte übrigens einen Hund namens Fortune, der den Kaiser ins Bein biss, als er in der Hochzeitsnacht zu ihr ins Bett steigen wollte! Ein großartiges Tier.«

»Alles?« Filou hatte schreckliche Bilder vor Augen. Wenn alles erlaubt war, dann … dann … Dann würde niemand leben bleiben. »Das kannst du nicht meinen!«

»Nu bleibense mal ganz ruhig. Man muss das dialektisch sehen, Kleiner. Napoleon hat seine Feldzüge dank gezielter Regelübertretung gewonnen. Das war nicht fair, gewiss. Andererseits: Je blitzartiger der Sieg, je schneller also ein Konflikt beendet werden kann, desto geringer die Zahl der Opfer.«

»Fidel! Du nervst! Was bitte hat das alles mit mir zu tun?«

Der Mops legte den Kopf schief und sah ihn spöttisch an. »Du denkst nicht groß genug, Kleiner. Es geht nicht um dich. Es geht um ganz Beaulieu. Wir tun allen einen Gefallen, wenn wir uns nicht in die offene Feldschlacht stürzen, die der Feind ersehnt, sondern zu einer List greifen. Kannst du mir so weit folgen?«

»Ich weiß nicht, was der Feind ersehnt.«

Fidels schwarze Kulleraugen weiteten sich. »Sie wollen dich vernichten! Begreif das doch endlich!«

»Na ja. Vielleicht. Aber Krieg? Und List? Und was hat das alles mit Liebe zu tun?«

»Du musst nicht alles wörtlich nehmen. Ist doch nur so ein kaiserlicher Spruch«, sagte Fidel wegwerfend.

»Was verstehst du unter List? Meinst du vielleicht Heimtücke? Das ist unwürdig.«

»Moment!« Fidel hatte sich aufgerichtet und streckte die rechte Vorderpfote aus, wie der alte Roger in seinem Rollstuhl, wenn er über die Straße wollte. »Nur einen kleinen Moment Ruhe, bitte. Ich habe eine Eingebung.«

Eine Eingebung. Das klang so schlimm wie Kaiser Napoleon. Filou ließ den Kopf sinken und schloss die Augen. Beaulieu war verbranntes Gebiet, und das würde es auch bleiben. Vielleicht hätte er doch mit nach Paris gehen sollen? Auch dafür war es zu spät. Und außerdem … Wie konnte er so etwas Egoistisches auch nur denken! Seine Flucht war der Preis dafür, dass Monpti und Mabelle bei ihrer Mutter bleiben konnten. Und das war die Hauptsache.

Als Fidel ihm auf die Schulter klopfte und »Heureka!« rief, schreckte er aus den süßesten Träumen hoch.

»Ich hab's!«, rief der Mops theatralisch.

»Was denn nun schon wieder, um Himmels willen!«

Aber Fidel grinste verdächtig vergnügt, klopfte mit der Pfote den Takt und begann, leise zu singen. »Wacht auf, Verängstigte dieser Erde! Heer der Sklaven, wache auf! Ein Nichts zu sein, tragt es nicht länger, alles zu werden, strömt zuhauf!«

EINUNDZWANZIG

Das ist Dialektik, Kleiner«, hatte Fidel gönnerhaft gesagt, als er ihm seinen Plan erläuterte, aber Filou fragte sich, ob sich auch die andere Seite mit Dialektik auskannte. Er jedenfalls kam sich entsetzlich albern vor, als sie sich in den frühen Morgenstunden mitsamt der Leine auf den Weg machten.

»Und überhaupt: Wie sollen wir hier rauskommen? Der Garten ist umzäunt!«

»Sicher ist er das.« Fidel stapfte unbeirrt voran, quer durch den Garten, an den Rosenbüschen vorbei und an der Bank mit dem Tisch, bis zur hintersten Ecke, wo Herrchen verrottetes Gemüse lagerte. Er nannte es Kompost. Fliegen, Maden und Raupen liebten Kompost. Filou nicht.

»Durch den Mund atmen!«, befahl Fidel und verschwand hinter dem übelriechenden Haufen, dort, wo er an den Zaun grenzte. Filou beobachtete die Sache eine Weile, bevor er folgte. Zuerst sah er nur Fidels weißes wackelndes Hinterteil, dann bemerkte er, dass der Hund mit Klauen und Zähnen Zweige und Geäst zur Seite räumte. Endlich sah man das Loch.

»Gut getarnt«, sagte Filou anerkennend. »Aber wozu brauchst du das?«

»Schwätz nicht«, brummte der Mops. »Komm!«

Das Loch führte in einen geräumigen Tunnel, geräumig für Filou, der Mops passte nur mit Ach und Krach hindurch. Der Tunnel senkte sich erst und führte dann wieder hinauf. Im blassen Mondlicht, das durch die Zweige eines Oleanderbuschs fiel, fand sich Filou auf der anderen Seite des Zauns wieder.

Er sah sich um. Das Tor zur Freiheit war gepflegt, es schien nicht eben selten benutzt worden zu sein.

»Ich dachte, die Freiheit sei dir nicht wichtig? Ich dachte, du wärst glücklich in deinem goldenen Käfig? Bei Herrchen? Wofür brauchst du also einen Fluchttunnel?«

Fidel ließ sich schwer atmend neben ihm nieder. Herrchens Garten grenzte an einen schmalen Weg, ein Fußpfad nur, der ihn von einem anderen Garten trennte. Man hatte also im Auge, wer des Weges kam. Das beruhigte.

»Es gibt vielerlei Formen des Glücks«, antwortete Fidel, als er wieder Luft hatte. »Und mehr als eine Art der Liebe.«

»Ach?« Erzähl mir mehr, dachte Filou.

Der Mops seufzte. »Es war im vorigen Frühjahr. Die Nachbarn hatten Besuch. Ein Ehepaar aus Paris, nette Leute eigentlich, aber…«

»Aber?«

»Sie hatten einen Hund dabei. Ein furchtbar verwöhntes Tier. Clarissa ist es gewohnt … Clarissa braucht … Clarissa darf nicht … So ging das den ganzen Tag. Ich konnte das Gesülze nicht mehr hören. Und als Herrchen meinte, wir sollten uns mal kennenlernen, sie und ich – zum ›Spielen‹, Himmel, was Menschen sich alles so vorstellen! Also …« Fidel schwieg. Im Mondlicht schimmerten seine Augen wie nasser Teer. Und seine Stimme klang belegt, als er endlich weitererzählte.

»Sie lag auf einem weißen Samtkissen, hatte die Augen halb geschlossen und guckte entsetzlich gelangweilt, während ihr Frauchen um sie herumsprang. ›Ja Clarissa! Ja schau, wer da kommt! Ja ist das nicht ein lieber, lieber Hund!‹«

Filou schüttelte sich – vor Grausen und vor Lachen. Viele Menschen redeten mit ihren Tieren so, als ob sie Kleinkinder wären.

»Ich gucke sie an. Ich dachte: Wie der Herr, so's Gescherr. Also eine Nervensäge. Und was sehe ich? Die schönste Möpsin, die je gelebt hat. Schwarz wie Pech. Seidig glänzendes Fell. Schade, dass sie eine verwöhnte Pute ist, denke ich noch – als sie mir zublinzelt und ›Die nervt, findest du nicht auch?‹ sagt…«

Fidel seufzte tief auf. »Und dann haben wir – gespielt, wie Menschen das nennen. Ich konnte nicht genug von ihr kriegen. Die Figur! Die Augen! Die Öhrchen! Der Schwanz! Die prächtigen Pfoten!«

Filou sah seinen Freund verblüfft an. Fidel ein Romantiker?

»Und daher – das Loch unter dem Zaun?«

»Genau. Clarissa grub auf ihrer Seite, ich auf meiner. Das waren herrliche Nächte. Herrlich.«

Filou staunte. War es das Mondlicht, oder glänzten Fidels Augen feucht? »Und dann?«, fragte er.

»Und dann … als ihr Duft am süßesten war …« Fidel fuhr sich mit der Pfote über die Augen. Tatsächlich: Er weinte.

»Nun sag schon!«

»Sie haben sie weggesperrt. Ich höre sie noch heute nach mir rufen.«

Filou packte eine tiefe Trauer. Er dachte voll unendlicher Sehnsucht an Josephine. Hörte die Kleinen schreien, als er aus dem Auto sprang. Ob sie ihn vermisste? Ob sie auch nach ihm rief, ungehört? »Aber warum?«

»Ich gefährdete ihre Jungfräulichkeit. Dafür war ich ihnen nicht edel genug. Ich hätte den Stammbaum verfälscht. Zu Hause wartete ein Zuchtmops auf sie. Alard Edler von Dödelheim oder so ähnlich. Dabei hätte ich sie nicht angerührt. Nie im Leben.«

»Warum nicht, um Himmels willen?« Filou dachte voller Verlangen an den Moment zurück, an dem Josephine ihn um seine Jungfräulichkeit gebracht hatte. Mit ihr würde er jederzeit wieder seine Unschuld verlieren.

»Frag nicht«, sagte der Mops finster. »Ich habe sie nie wiedergesehen. Clarissa Baronesse de Fontainebleau. Immer in meinem Herzen.« Er senkte den Kopf.

Filou wusste nicht, was er sagen sollte. Schließlich leckte er Fidel tröstend das Ohr.

»Danke dir, Bruder«, murmelte Fidel und richtete sich entschlossen auf. »Und jetzt Schluss mit der Sentimentalität. Auf geht's!« Er schüttelte sich, packte die Leine und marschierte voran. »›Es rettet uns kein höh'res Wesen, kein Gott, kein Kaiser noch Tribun‹«, summte er.

»Hshhhh!«, machte Filou. Aber das hatte den gegenteiligen Effekt. Fidel sang immer lauter.

»Willst du uns bei allen ankündigen, verdammt?«

»Aber sicher doch!« Fidel reckte den kurzen Hals und blähte die Brust. »›Uns aus dem Elend zu erlösen können wir nur selber tun!‹«

Und so liefen sie auf der Place de la Patrie ein. Unüberhörbar. Und als sie vor dem Kriegerdenkmal Aufstellung genommen hatten, trompetete der Mops: »Völker, hört die Signale!«

Die Völker ließen sich das nicht zweimal sagen.

ZWEIUNDZWANZIG

Aus den Gassen rund um den Platz hörte man es zischeln und trappeln.

»Klappt doch«, murmelte der Mops.

Viel zu gut, dachte Filou erschauernd, als er die ersten spitzen Ohren sah.

»Jetzt mach dir nicht in die Hose«, zischte Fidel. »Sei bereit. Und ... Jetzt!«, rief er und packte sein Ende der Leine. Filou nahm widerstrebend das andere Ende ins Maul.

»Und – spannen!« Sie zogen die Leine straff. Und dann warteten sie. Auf den Feind, der am Ende der Nacht Freund werden sollte.

Wenn das mal gutgeht, dachte Filou.

Und dann waren sie da.

Garibaldi stolzierte vorweg, den Schweif wie eine Standarte in der Luft. Sein eines Auge blitzte. Neben ihm marschierten Diabolo und Maurice, bester Laune. Und hinter ihnen die üblichen Verdächtigen, Mimi und Minou und Mignon und der ganze ungezogene Nachwuchs.

»Hassu immer noch nich genug?«, blubberte Garibaldi und senkte den Dickschädel. »Wilssu Keile?«

»Nein, tapferer Führer«, antwortete der Mops artig. »Wir sind hier, um eine großartige Neuerung zu präsentieren.«

»Quatsch«, knurrte Diabolo. »Ich sehe ein Hündchen und ein Kätzchen an der Leine. Was ist daran großartig?«

»Oder neu?«, maunzte Mignon.

Alles fauchte und kreischte.

»Ihr irrt euch, edle Seelen! Wir machen aus dem Instrument der Unterwerfung ein Mittel der Befreiung!« Fidel stemmte den Kopf hoch und drückte die Brust raus.

»Du Sklave! Was erzählst du da? Du weißt doch gar nicht, was Freiheit ist!«, knurrte Maurice und rückte bedrohlich näher.

»Und du erst recht nicht, Hundefreund!« Diabolo spuckte verächtlich.

»Also mach die Flatter, Alder, hörstu?« Garibaldi blähte sich auf und machte einen Ausfallschritt. Und nun rückten alle vor, Schulter an Schulter, feixend und fauchend, während Fidel und Filou heldenhaft ihren Platz behaupteten.

Mit Feldherrnlächeln schätzte Fidel die Lage ein. »Straffen!«, befahl er mit zusammengebissenen Zähnen. Filou stemmte alle viere in den Boden und zog an der Leine.

»Und – los!«

Majestätisch schritten beide voran, direkt auf den

Pulk zu, der sich vor ihnen aufbaute. Filou umrundete die Bande rechts, Fidel links.

»Vorsicht!« Maurice hatte was spitzgekriegt. Doch erst als die Leine in Garibaldis Brust schnitt, merkte der Dummkopf, was geschah. Sie waren eingeschlossen von einer Hundeleine, die sich immer enger um sie schnürte.

»Hat die Demonstration unserer Neuerung euch überzeugt? Bei unserer letzten Begegnung hatten wir noch geübt, mein roter Bruder und ich. Aber jetzt ist die Sache marktreif, findet ihr nicht?«

Kreischen und Fauchen antwortete ihnen. »Lass uns raus!«, riefen Mimi und Minou.

»Keine Angst, die Damen«, sagte Fidel gönnerhaft. »Die kleine Unbequemlichkeit dient nur der Veranschaulichung all jener Möglichkeiten, die in einer gelungenen Kooperation liegen.«

»Ko… op… Scheiß drauf! Leine weg!«, polterte Garibaldi.

Doch Maurice hatte begriffen. »Wartet, Brüder. Ketchup und Mayo haben da was …«

So nannte man sie also in Beaulieu. Wie unendlich peinlich.

»Ja, wir haben da was«, sagte Filou kalt. »Und ihr nicht.«

»Aber wir wären bereit zu teilen«, beeilte sich Fidel. »Gegen gebührenden Dank.«

»Und Respekt«, zischte Filou.

»Reschpekt? Vor dir?« Garibaldi legte die Ohren zurück und entblößte die Zähne.

»Bruder!« Maurice beugte sich zu Garibaldi und flüsterte ihm ins Ohr.

Nach einer Weile nickte der große Schwarze widerwillig und sagte: »Eure Leine gegen freies Geleit!«

»Du wagst es, Forderungen zu stellen?« Filou bauschte den Schweif und richtete sich zu voller Größe auf. »*Wir* haben hier das Sagen!« Er zog die Leine fester.

»Nun, ich bin durchaus bereit, den Herrschaften entgegenzukommen«, schnurrte Fidel. »Wir geben euch die Leine UND freies Geleit. Im Gegenzug …«

»Ich gebe den Halunken Saures! Das genügt!«, knurrte Filou und zog die Leine wieder straff, die Fidel gelockert hatte.

»Im Gegenzug erwarten wir vollständige Bewegungsfreiheit, Respekt und höfliches Entgegenkommen. Und falls euch unser Patent gefällt« – er verneigte sich vor den drei schwarzen Kampfkatern –, »bin ich bereit, für weitere dieser gefährlichen Waffen zu sorgen.« Diesmal zog auch Fidel an der Leine, bis Mimi einen jämmerlichen Klagelaut ausstieß. »Es gibt sie in edlem Elchleder, sportlichem Moxon, strapazierfähigem Nylon, wetterbeständigem Neopren, buntem Biothane …«

»Schon gut«, sagte Diabolo hastig, »wir nehmen die, und … dann sehen wir weiter.«

»Sehr wohl«, sagte Fidel und ließ die Leine fallen. Als Garibaldi danach schnappte, trat Filou, der sein Ende noch immer im Maul hielt, einen Schritt auf ihn zu und sah ihm in die Augen. Die ultimative Kampfansage. Garibaldi reagierte sofort, drehte den Kopf zur Seite, senkte ihn und begann zu maulen.

»Schau mir in die Augen, Kleiner!«, zischte Filou.

Garibaldi schielte hoch.

»Respekt, Bruder. Verstehstu?«

Dann ließ auch er die Leine fallen. Garibaldi stob wie gestochen davon.

DREIUNDZWANZIG

Es war Sommer, und es herrschte Frieden in Beaulieu. Fidel und Filou waren die Sensation, überall, wo sie aufkreuzten, staunten die Menschen, und die Tiere wunderten sich. Mit dem Sommer kamen die Touristen und die Feste, jeden Tag ein anderes, Fidel immer mittendrin. Denn wo immer er war, fielen die köstlichsten Happen von den Tischen, wie zufällig direkt vor sein Maul, ohne dass er sich groß anstrengen musste. Für Filou waren die Menschenmassen ein Gräuel. Außerdem hatte er keinen Appetit. Er trauerte noch immer.

»Was machen wir nur mit dir?«, sagte Herrchen eines Tages kopfschüttelnd. »Ich habe mit Ivonne telefoniert, in Paris. Ihr erzählt, dass du noch lebst, dass es dir gutgeht und dass du ein prima Hund geworden bist.«

Sehr witzig, dachte Filou.

»Vielleicht werden sie nach Beaulieu kommen, um dich zu holen. Das wünschst du dir doch, mein roter Freund, oder?«

Sein Herz schlug Purzelbäume. Marla wiedersehen. Josephine. Die Kleinen. Ivonne und Frederick und Lucrezia – sogar nach Lucrezia sehnte er sich plötzlich.

Aber er verbot sich solche Gedanken, sie waren egoistisch. Er konnte nicht mitkommen zu seinen Lieben. Er würde sie damit in Gefahr bringen.

Aber – wenn Marla plötzlich vor ihm stünde? Wenn sie ihn auf den Arm nähme, ihn hinter den Ohren kraulte, ihm Liebkosungen zuflüsterte? Könnte er ihr widerstehen?

Nein. Das brächte er nicht fertig. Und deshalb gab es nur einen Weg: Er musste Herrchen und Fidel verlassen und wieder seiner Wege gehen.

Ein letztes Mal ging er mit Mops und Herrchen zur Place de la Patrie, Herrchen ins Café, Hund und Katz zum Kriegerdenkmal. Dann kam der Abschied.

»Die Zeit war gut mit dir, Buddha«, sagte er zum Mops, der das Gesicht in würdige Falten gelegt hatte.

»Ganz meinerseits. Aber was heißt ›war‹?«

»Das heißt, dass ich nicht länger bleiben kann.«

Fidel, der einen Spatz beobachtete, der provozierend auf das Eisengitter vor dem Obelisken geflattert war, setzte sich mit einem Plumps aufs Hinterteil. »Das ist nicht dein Ernst.«

»Mein voller Ernst.«

»Aber – einen Freund verlässt man doch nicht von heute auf morgen!«

»Ach Fidel. Ich bleibe doch dein Freund!«

Der Mops reckte das Kinn. »Weißt du überhaupt, was Freundschaft ist?«

»Du wirst es mir erklären«, sagte Filou müde. Fidel mit seinen Predigten. Aber da es die letzte war, die er für lange Zeit hören würde, wollte er geduldig sein.

»Freundschaft ist, wissenschaftlich betrachtet, eine ›freiwillige und wechselseitige, nicht-sexuell motivierte, soziopositive Bindung zwischen zwei nicht-verwandten Individuen, die für beide einen subjektiven Wert besitzt und durch einen positiven Affekt gekennzeichnet ist‹«, dozierte Fidel.

»Klingt ja sehr einleuchtend«, murmelte Filou, der kein Wort verstanden hatte.

»Mit anderen Worten: die Zuneigung zwischen zwei Wesen, die nicht miteinander verwandt und dabei nicht auf Sex aus sind.«

»Kein Sex? Da bin ich aber beruhigt!« Auf was für Ideen Intellektuelle so kamen.

»Ach, vergiss den Sex. Darum geht es hier gar nicht. Das Augenmerk liegt auf ›Wesen‹, verstehst du? Wesen! Auch Tiere kennen Freundschaft!«

»Daran habe ich nie gezweifelt!« Was eine fromme Lüge war. Beim Fressen hört jede Freundschaft auf, das hatte er mehr als einmal erfahren.

»Und dennoch willst du gehen?« Fidel ließ Ohren und Mundwinkel hängen.

Er wirkte tief getroffen, und das machte Filou noch trauriger.

»Nein! Du verstehst nicht! Ich *will* nicht gehen!

Aber dein Herrchen hat Ivonne erzählt, dass ich bei euch wohne. Das wird uns trennen, ob wir wollen oder nicht.«

»Du meinst – sie kommen dich abholen? Verfrachten dich nach Paris?«

»So sieht's mal aus. Und deshalb ...«

»Verstehe.« Der Mops ließ den Kopf auf die Pfoten sinken. »Ich muss nachdenken. Sicher, du solltest dich für eine Weile aus dem Verkehr ziehen. Aber es muss einen Ausweg geben.« Er legte die Stirn in Falten. »Wir brauchen einen Plan. Ein Projekt. Eine Strategie, wie wir verhindern können, dass sie dich aus deinem gewohnten Habitat entfernen.«

Fidels Laune hatte sich sichtlich gehoben. Ein Projekt. Eine Strategie. Das waren Aufgaben, die der Erleuchtete schätzte. Aber Filou glaubte nicht daran, dass ihm noch irgendetwas helfen konnte.

»Gut, das Menschenrecht kommt hier nicht zum Tragen«, sinnierte der Mops. »Aber das Völkerrecht. Und meines Wissens untersagt das Völkerrecht Kidnapping oder Vertreibung. Das wäre ein Anhaltspunkt.«

»Auch das Völkerrecht gilt nicht für Tiere, Geistvoller. Tiere sind Sachen.« Mit denen man machen kann, was man will, dachte Filou. Gerecht ist das nicht.

»Hm. Na ja. Ach, mir wird schon was einfallen.«

»Da bin ich mir sicher«, murmelte Filou.

Als Herrchen aus dem Café kam und nach Fidel pfiff, versteckte er sich unter dem Lavendel und sah den beiden hinterher. Eigentlich, dachte er, müsste ich im Abschiednehmen geübt sein.

Aber es tat jedes Mal aufs Neue weh.

VIERUNDZWANZIG

Sie war köstlich, die wiedergewonnene Freiheit.
Ja, ich bin undankbar, dachte Filou. Ich verdiene die Freundschaft Fidels nicht. Aber er konnte seine Gefühle einfach nicht unterdrücken, sie stiegen wie Brausewasser in ihm hoch, und er hatte bei jedem Schritt das Gefühl zu schweben.

Dabei hatte er es nur Fidel und seiner Kriegslist zu verdanken, dass man ihm in Beaulieu wieder mit Respekt begegnete. Jedenfalls johlte niemand hinter ihm her. Keiner rief »räudige Flohfalle« oder »roter Bastard«. Die Menschen lockten ihn mit Kosenamen und wollten ihn streicheln. Und erst die Tiere!

Die wenigen Katzen, denen er beim Gang durch die Grande Rue begegnete, wechselten die Straßenseite, wenn er kam. Duckten sich, um jeden Anschein zu vermeiden, sie könnten ihn feindselig fixieren. Liefen davon, wenn sie ihn von weitem sahen.

Erst fand er das angemessen. Irgendwann irritierte es ihn.

Bis er von der Grande Rue ab- und in die Rue des Fleurs eingebogen war. Schon nach wenigen Schritten wusste er, warum sich alle Katzen rar machten. Heute war Markttag!

Alle liebten den Markt in Beaulieu, die Einheimischen und die Touristen. Die vielleicht am meisten: Im Sommer standen sie mit kurzen Hosen, plärrenden Kindern, überforderten Hunden und aufdringlich guter Laune allen im Weg, die ihre Besorgungen zügig erledigen wollten. Vor allem die Hunde störten – fanden jedenfalls die Katzen, die aus allen Ecken des Sprengels angepilgert kamen, wenn Markttag war. Denn an dessen Ende verteilten Metzger und Fischhändler, was übrig geblieben war. Ein Fest! Filou lief das Wasser im Mund zusammen. Früher hatte er beim Verteilen der Leckerbissen stets den Kürzeren gezogen, die anderen bissen und knufften ihn weg, bis er mit knurrendem Magen heimlief.

Heute aber, dachte er, heute kann mir das nicht mehr passieren. Wetten?

Er ließ den Metzger links liegen, der mittwochs kaum Kundschaft hatte, schlenderte am Maison de la Presse vorbei und wartete eine Weile vorm Café, in der Hoffnung, die schöne Isabo würde sich blicken lassen. Aber leider bediente Jean-Claude draußen, der roch nicht gut und mochte keine Katzen.

Er erreichte den Markt auf der Place Galfard am Ende der Straße just zum richtigen Zeitpunkt. Die meisten Händler räumten bereits zusammen, und der Käsewagen war schon fortgefahren. Filou nahm die Abkürzung zwischen den Verkaufswagen hindurch zum Fischstand. Und dort waren alle Katzen versammelt. Normalerweise knuffte und schubste man sich, jeder kämpfte um die beste Position. Aber heute standen sie alle brav in einer Schlange. Niemand sah auf, als er lässig auf sie zuschlenzte. Keines der Tiere gab auch nur einen Laut von sich. Niemand fauchte – und niemand begrüßte ihn.

»Gibt's heute nichts oder warum seht ihr aus wie verhagelt?« Ganz locker sein, dachte er. »Hat euch die Aussicht auf frischen Fisch die Sprache verschlagen?« Immer noch keine Antwort. Aber er glaubte zu hören, wie ein Seufzen durch die Reihe ging.

Und dann begriff er, was sie so ordentlich in Reih und Glied stehen ließ. Diabolo hielt ein Ende von Fidels Hundeleine im Maul. Maurice hatte das andere gepackt. Und damit hielten sie die Katzen in Schach. Nur einer stand frei an der Spitze der Schlange: Garibaldi, der vor Aufregung tänzelte und sich ein ums andere Mal das Maul leckte.

»Ach so ist das«, sagte Filou gedehnt. »Alles für den Führer. Von Solidarität habt ihr wohl noch nie was gehört?«

Der Einäugige würdigte ihn keines Blickes.

»Das ist Riot Control«, zischte Maurice. »Sehr nützlich. Und die hervorragende Idee verdanken wir dir und deinem Hundchen!«

»Ja, vielen Dank auch. Das hast du verdammt gut gemacht«, flüsterte eine Stimme hinter der straff gezogenen Leine. »Ausgerechnet den größten Idioten dieses Teufelszeug zu schenken, diese – Hundeleine!« Minou spuckte vor Abscheu.

»Ruhe!« Diabolo ruckte an der Leine.

Filous gute Laune verflüchtigte sich wie der Duft einer offenen Dose Katz-Gourmet in der Sonne. Was für ihn ein Instrument der Emanzipation gewesen war, diente im Maul von Maurice und Diabolo der Unterdrückung. Der Mops und er hatten sich mit der Leine zur Wehr gesetzt, in Verteidigung berechtigter Interessen, wie Fidel behauptet hatte, stets der Klugscheißer. In den falschen Pfoten aber war sie zum Machtinstrument eines Gewaltregimes geworden. Und wer war daran schuld? Na wer wohl. Er ließ die Schultern sinken und zog den Schwanz ein.

»Bist du jetzt zufrieden?«, wisperte Mimi und verdrehte theatralisch die Augen.

»Die Pest möge über dich kommen«, zischte Mignon.

Geschlagen trat Filou den Rückzug an.

Voller finsterer Gedanken trabte er durch die Gassen Beaulieus und fand sich in der Rue Basse wieder. Nur wenig erinnerte noch an alte Zeiten. Kein kläffender Yapper, kein dunkles Kellerloch. Und Ma Dames Haus war verschwunden, die Trümmer ordentlich abgeräumt. Auf dem leeren Platz spielten drei Kinder mit einem Hund. Traurig wandte er sich ab und schlug den gewohnten Weg ein: über die Mauer in die Gemüsegärten, dann den schattigen Hohlweg hinauf bis zum Roche du Diable. Dort würde er sich auf die Felsnase setzen, auf Beaulieu hinabschauen und nachdenken. Und vielleicht – ein bisschen träumen, von den vergangenen, den besseren Zeiten.

Mit hängenden Ohren nahm er die letzte Kurve und trat hinaus auf das Plateau, auf den Platz der neun Steine. Und plötzlich bildete er sich ein, die Magie des Ortes zu spüren. Es wehte ein Zauber durch die Blätter der drei Eichen, der alles leichter zu machen schien, die Gedanken und das Leben. Es gibt eine Antwort auf all deine Sorgen, schienen die Blätter zu flüstern. Du wirst sie wissen, wenn die Zeit gekommen ist.

Beschwingt lief er am Steinkreis vorbei. Und blieb stehen. Da saß er wieder, sein Bekannter, der Mann, der seine Frau verloren hatte. Er lag rücklings auf einem der Steine, die Augen geschlossen. Er lächelte. Ob der Zauber auch für ihn wirkte?

Auf leisen Pfoten näherte Filou sich und sprang, ohne groß nachzudenken, federleicht auf den warmen Stein. Behutsam schmiegte er seinen Kopf in die Hand des Mannes. Kaum hatte er das getan, glitt er hinüber in einen Traum.

Im Traum hörte er Musik. Nicht das, was aus Brunos Bar herausdrang, wummernde Bässe und schrille Stimmen. Auch nicht das, was Ivonne hörte, wenn sie malte – elegische Gesänge, in denen viel von *pleure* und *cœur* die Rede war. Und mit der Musik, die man in der Kirche spielte, wenn jemand gestorben war, hatten die feinen Klänge auch nichts zu tun. Während er sich von ihnen umhüllen ließ, sah er Marlas Garten vor sich. Eine Frau mit langen roten Haaren stand auf der Terrasse, in der Hand hielt sie einen Rosenzweig. Der Mann, der hinter sie trat, sah aus wie der schlafende Mensch auf dem Roche du Diable, schlank, mit einem dicken Schopf dunkler Haare. Aber er wirkte weit glücklicher. Und während die beiden da standen und sich umarmten, sah Filou hinter ihnen eine Bewegung auf dem Terrassentisch, auf dem allerlei Köstlichkeiten standen: Weißbrot und Butter und Käse und Schinken. Beim Teller mit dem Schinken blitzte etwas Rotes auf. Doch bevor er sich darauf konzentrieren konnte, veränderte sich das idyllische Bild. Eine Katze strich um die Beine des Traumpaares und setzte sich neben die Frau, den Schweif elegant über die Vorderpfoten gelegt. Sie trug eine feine weiße Krause um den Hals und einen zarten roten Strich über der Nase. Sie sah aus wie Josephine.

FÜNFUNDZWANZIG

»Hallo, mein Freund«, sagte eine sanfte Stimme an seinem Ohr. Filou zuckte zusammen. »Hast du auch so schön geträumt? Ich ...« Der Mann streckte und reckte sich. »Ich habe wunderbar geschlafen.«

Filou setzte sich auf und gähnte.

»Du bist Filou, hab ich recht? Und dein Freund heißt Fidel. Ganz Beaulieu erzählt von euch. Von dieser wundersamen Freundschaft.« Der Mann lachte leise und begann, Filous Rücken zu streicheln. »Wo ist dein Freund? Warum bist du allein?«

Filou schnurrte behaglich. Er mochte den Mann. Er ist genauso traurig wie ich, dachte er. Dabei habe ich es viel besser: Meine Liebste lebt noch.

Aber was wusste er eigentlich? Wie ein kleiner Stich ins Herz schlich sich der Zweifel an. Und wenn man die beiden Kleinen weggegeben hatte? Wenn Josephine vor Kummer gestorben war?

»Ich heiße übrigens Henri«, sagte der Mann. »Ich bin Musiker. Ich wohne noch nicht lange hier. Aber du kannst mich gern besuchen kommen.«

Filou blinzelte in den Himmel, den ein tiefes Abendrot zu säumen begann. Nein, es ging ihr gut. Es ging ihnen allen gut, sonst hätte Herrchen es erwähnt.

»Nicht dass du glaubst, ich wäre heimatlos, nur weil ich so oft hier oben sitze. Ich habe ein sehr schönes Haus gefunden in Beaulieu. Mit einem großen Raum für das Klavier. Aber ich spiele am liebsten Cello.«

Über ihnen kreiste ein Geschwader Mauersegler, die mit schrillem Kampfgeschrei hinabstürzten und wieder aufstiegen.

»Ach, und einen Garten gibt es auch. Fleur hätte das gefallen.«

Der Mann hatte aufgehört, ihn zu streicheln, während er erzählte. Filou musste ihn daran erinnern.

Doch siehe da: Der Mann verstand sofort.

Zufrieden streckte Filou sich unter die Hand mit den langen, wissenden Fingern. Das alles sah nach dem Beginn einer sehr guten Freundschaft aus.

Henri lachte. »Jetzt rede ich schon mit einem roten Kater. Aber ich habe wochenlang nur mit den Steinen gesprochen. Da spreche ich doch lieber mit dir, oder?«

Filou schnurrte zustimmend.

»Weißt du, wann ich das erste Mal hier oben war? Zwei Wochen vor Fleurs Tod. Sie wollte unbedingt mitkommen, obwohl der Weg hier hoch schon viel zu anstrengend für sie war. ›Damit ich mich schon mal daran gewöhne, die Welt nur noch von oben zu sehen‹, hat sie gesagt.« Henri lachte leise. »So war sie.« Er räusperte sich. »Sie hatte Lungenkrebs. Die gnadenlos tödliche Sorte.«

Filou war näher an den Mann herangerückt. Jetzt

wusste er, wer die Frau war, die er im Traum gesehen hatte, die Frau mit dem langen roten Haar. Fleur. Der Name passte. Blumen überstehen den Winter nicht.

Das Abendrot wurde immer strahlender, während der Himmel immer dunkler wurde. Henri schwieg. Und schließlich stand er auf und klopfte den Staub von seiner Hose.

»Ich gehe heim. Und du – du bist dort immer willkommen.«

SECHSUNDZWANZIG

Filou saß noch eine Weile auf der Felsnase und blickte hinab. Er konnte nicht einschätzen, wie ernst Henris Angebot gemeint war. Aber er beschloss, dem Mann zu folgen, damit er für alle Fälle wusste, wo sein Zuhause war.

Henri ging ohne Hast, wie jemand, auf den daheim niemand wartet. Durch die Gärten zur Rue Basse, die Ruelle des Camisards hoch zur Grande Rue, dann hinauf zur Place de la Patrie. Filou hielt sich im Schatten. Henri wohnte nicht in einem der Ferienhäuser, das war offensichtlich. Hinter dem Kindergarten bog er links ab. Und dann …

Aber das konnte nicht sein. Ihm stockte der Atem. Henri öffnete das Tor zu einem Garten, der Filou so vertraut war, dass es schmerzte. Zu Marlas Garten. Zu seinem Garten. Zu dem Garten, in dem Josephine, Mabelle und Monpti gespielt hatten.

Filou duckte sich unter den Jasminstrauch am Gartenzaun. Er konnte Henris Einladung nicht folgen. Er würde vor Sehnsucht vergehen, wenn er auch nur fünf Minuten in diesem Garten verbrächte, mit all seinen Düften und Erinnerungen. Wie gelähmt hockte Filou im Schutz der Zweige, zitternd vor Trauer.

Endlich wollte er sich hochrappeln und geduckt davonschleichen, als ein Ton seine Ohren erreichte, ein langer, schwebender Ton, wie Kralle auf Seide, nur – feiner. Voluminöser. Der helle Ton schwebte davon, aber sogleich kam von unten der nächste angeflogen, tief und voll. Solche Klänge hatte er noch nie gehört. Hatte Henri nicht gesagt, dass er Musiker war? Wenn diese Töne von Henri stammten, dann machte er ganz wunderbare Musik, sofern ein Kater etwas davon verstand. Filou jedenfalls fühlte sich ganz seltsam, irgendwie erhoben. Als ob er schwebte. Was war das nur?

Ach, er hätte endlos lange zuhören können. Aber in Beaulieu wird einem nichts geschenkt, noch nicht einmal ein Moment der Verzauberung, dachte er, als schon nach wenigen Minuten um ihn herum das Inferno losbrach. Yapper kläffte, der Dobermann heulte, und dann stimmten alle Hunde Beaulieus ein. Es war ein Höllenspektakel.

Die Menschen hielten mit. In den Häusern öffneten sich die Fenster, Flüche und Verwünschungen würzten das Heulkonzert. Die Musik brach ab, mit einem Misston, der Filou schmerzte. Und dann war alles vorbei. Die Tölen hielten die Schnauze, die Menschen schlossen ihre Fenster und legten die Läden vor. Und Henri zog die Terrassentür zu. Es war still. Bedrückend still.

Filou riss sich los und schlich traurig zum Kriegerdenkmal zurück. Dort verkroch er sich unter den Lavendel, der erste Blüten zeigte. Er würde Henri nicht wiedersehen. Nie wieder würde er den Roche du Diable besteigen. Nie wieder in Marlas Garten seiner Musik zuhören. Es war besser so.

Die Tage vergingen. Filou strich unruhig durch Beaulieu, ließ sich von den Touristen füttern und streicheln und bemühte sich ansonsten, den Tieren und Menschen, die ihn kannten, aus dem Weg zu gehen.

Das gelang ihm nicht immer. Einmal war er erst am frühen Morgen nach einer langen Wanderung zu seinem Platz unter dem Lavendel heimgekehrt und erschöpft eingeschlafen, sodass er noch da lag, als Herrchen und Fidel auf ihrem täglichen Gang zum Café de la Paix vorbeikamen. Der Mops schnüffelte aufdringlich am Eisengitter. Und sobald Herrchen verschwunden war, flüsterte er: »Ich weiß, dass du da drinnen hockst. Komm raus. Na, trau dich schon.«

Filou rührte sich nicht.

»Feigling!«

Jetzt erst recht nicht, dachte Filou.

»Ich habe Neuigkeiten«, lockte Fidel. »Gute Nachrichten. Willst du sie nicht hören?«

Nein, dachte Filou.

»Dann erzähle ich sie dir eben trotzdem. Herrchen hat mit Paris gesprochen.«

Mit Paris! Meine Güte. Das klang, als ob er mit dem Präsidenten telefoniert hätte.

»Es ist keine Rede mehr davon, dass sie dich holen kommen. Ganz im Gegenteil. Ivonne hat Herrchen schwören lassen, dass er Marla nichts von dir erzählt. Sie ist angeblich krank. Sie würde die Nachricht nicht verkraften. Oder so ähnlich.« Der Mops klang verächtlich.

Marla krank? Filou spitzte die Ohren.

»Sie müsste sich doch freuen, dass du noch lebst, findest du nicht?«

Filou hob den Kopf.

»Gerade, wenn sie krank ist, oder?«

Filou setzte sich auf und lugte über den Lavendel hinweg. Fidel lag seelenruhig auf dem Rücken, hatte das rechte Hinterbein erhoben und begutachtete seine Kronjuwelen.

»Wie – krank ist sie denn?«, fragte er vorsichtig.

»Keine Ahnung.«

»Vielleicht hat sie Heimweh!«

»Vielleicht. Vielleicht auch nicht.« Fidel setzte sich auf. »Wie auch immer. Ich sage nur: Die Wahrheit ist den Menschen zuzumuten.«

»Meinst du?« Filou hatte da seine Zweifel. Marla war doch noch ein Kind.

»Ach, übrigens: Schön, dich mal wiederzusehen. Und da kommt auch schon Herrchen.« Fidel stemmte sich hoch und wackelte mit dem Hinterteil. Doch Filou hatte keine Lust auf eine Begegnung mit Herrchen, sprang wie ein Blitz aus dem Lavendel und stob davon.

»Filou! Komm her! Ich habe gute Nachrichten!«, rief Herrchen ihm hinterher.

Was Menschen so unter guten Nachrichten verstehen, dachte Filou und galoppierte Richtung Grande Rue.

»Filou! Komm her!«, rief es ihm entgegen, als er um die Ecke bog. Er bremste abrupt. Wie konnte das sein? Herrchen war hinter ihm. Nie im Leben konnte er schon vor ihm sein.

»Ich habe gute Nachrichten!«

Jetzt packte ihn die Panik. Er sah Gespenster. Er drehte durch. Er wurde verrückt. Er hatte endgültig und vollständig den Verstand verloren.

Filou stieß einen jämmerlichen Schrei aus und lief. Lief und lief, bis er am Fluss angelangt war. Dort, jenseits der Ligne, begann die Fremde. Noch zögerte er, Beaulieu zu verlassen. Aber bald, sagte er sich und versteckte sich unter dem Brückenpfeiler, um sich zu beruhigen.

Doch es gab keinen Grund, beruhigt zu sein. Ob das Leben jemals wieder normal sein würde?

SIEBENUNDZWANZIG

Unter der Brücke war es schattig und kühl. Filou hatte sich aus Schwemmholz und Heu ein Nest gebaut und lag stundenlang da, lauschte auf das leise Rauschen des Wassers und auf die Geräusche all der seltsamen Wesen um ihn herum.

Am meisten faszinierten ihn die Frösche, die sich am seichten Ufer versammelten, wenn er lange genug stillgehalten hatte. In der Nacht stimmten sie ein ohrenbetäubendes Konzert an. Erst fand er das Quarren und Tröten störend, dann gewöhnte er sich dran, und schließlich beruhigte es ihn.

Doch nach einiger Zeit verstand Filou, warum Henri begonnen hatte, mit Steinen zu sprechen. Es war schwer, allein zu sein, wenn es um einen herum quakte und tschirpte und tirilierte. Keine Kreatur war gern allein. Wenn er ehrlich war – ihm fehlte ein Freund. Er vermisste Fidel. Sicher, er vermisste all seine Lieben. Aber Fidel zu vermissen war weit ungefährlicher, also erlaubt. Außerdem würde er ihm auf Dauer kaum aus dem Weg gehen können. Der Mops war sein bester Freund. Nein: Er war sein einziger Freund. Und er war in greifbarer Nähe.

An einem brütend heißen Nachmittag, als alle Welt

auf ein Gewitter hoffte, verließ Filou sein Versteck unter der Brücke und nahm den vertrauten Weg zur Place de la Patrie. Dort verkroch er sich in seinem Versteck vorm Kriegerdenkmal und wartete auf Herr und Hund. Schon kurze Zeit später hörte er sie kommen. Fidels Halsband klirrte, die Leine klatschte auf den Boden, der Mops ächzte, als er sich im Schatten des Obelisken fallen ließ. Filou schämte sich nicht für das Glücksgefühl, das ihn überkam. Es war gut, einen Freund zu haben.

»Fidel?«, flüsterte er.

Der Freund antwortete nicht. Filou spähte durch den Lavendel. Aber der Dicke lag ganz friedlich da, der Länge nach ausgestreckt, den Kopf auf den Pfoten, die Augen geschlossen.

Nach einer Weile versuchte er es wieder. »Mon ami, können wir sprechen?«

Wieder keine Antwort.

»Erlesener! Erleuchteter! Hörst du mich nicht?«

Endlich hob der Mops den Kopf und brummte missmutig. »Kann man nicht einmal seine Ruhe haben? Muss denn immer jemand dazwischenquasseln?«

»Entschuldigen Sie schon, Monsieur!« Filou war gekränkt. »Eine Belästigung war nicht beabsichtigt.«

»Nein? Und warum stören Sie mich dann bei meinen Schläfchen?« Fidel gähnte.

Filou riss der Geduldsfaden. »Also wirklich! Jetzt hör mal auf mit den Spielchen, Dicker!«

»Oho! So höflich ist nur einer. Bist du's? Filou?«

»Wer sonst?«

»Nun, ich hatte mich gefragt, ob es dich überhaupt noch gibt«, antwortete Fidel spitz. »Da wirst du nicht erwarten, dass ich dir jubelnd um den Hals falle, sobald du dich dazu herablässt, wieder Kontakt mit mir aufzunehmen, oder?«

»Es – es tut mir leid. Du hast ja recht. Aber ich hab dir doch gesagt, warum ich wegmusste. Und wovor ich mich fürchte.«

»Sicher. Aber vielleicht fürchtest du dich vor den falschen Dingen?«

»Was meinst du damit? Es ist doch völlig klar, was passiert, wenn ich …«

»Ist es das? Ich frage mich langsam, ob dir vielleicht ein gedanklicher Fehler unterlaufen ist. Du bist nicht mitgegangen nach Paris, weil du nicht wolltest, dass man Josephine ihre Welpen wegnimmt, stimmt's?«

»Ich bin als Waise aufgewachsen. Ich weiß, wie das ist. Meine Mutter konnte mir noch nicht einmal mehr das Mausen beibringen, bevor sie starb. Aus mir ist nichts geworden.« So, genau so war es. Das Drama seiner Kindheit.

»Aus mir *konnte* gar nichts werden.« Er hätte fast gejault, so leid tat er sich.

Fidel stöhnte auf. »Ich wünschte, du könntest dich jammern hören. Du triefst ja vor Selbstmitleid.«

»Irgendeiner muss ja mal Mitleid mit mir haben«,

konterte Filou. »Jeder weiß doch, wie wichtig die frühkindliche Bindung ist! Ich wollte Mabelle und Monpti mein Schicksal ersparen.«

»Küchenpsychologie. Blabla. Geschwätz von Leuten, die immer eine Entschuldigung brauchen für ihr Versagen.«

»Und wo habe ich wohl versagt, deiner hochwohlgeborenen Meinung nach, Göttlicher?«, fauchte Filou.

»Du hast nicht bedacht, dass Kinder älter werden. Dass sie die Mutter nicht mehr brauchen. Dass sie aus dem Nest flüchten und suchen, auf was du so große Stücke hältst: die Freiheit!«

»Du meinst – Monpti und Mabelle…«

»Brauchen ihre Mutter nicht mehr. Aber was, glaubst du, braucht Josephine?«

Filou wiegte seinen schmerzenden Schädel. Ihm fiel auf die Frage keine Antwort ein.

»Was, glaubst du, braucht dein Freund, der Musiker?«

Ruhe vor den Kötern Beaulieus, dachte Filou. Aber er ahnte langsam, was Fidel meinen könnte.

Und wenn der Mops recht hatte? Wenn er die Lage falsch eingeschätzt hätte? Dann …

Dann wäre sein Kampf vergebens gewesen.

ACHTUNDZWANZIG

Er kam nicht dazu, diesen unbequemen Gedanken nachzugehen. Denn plötzlich begannen alle Hunde Beaulieus zu bellen, obwohl die Glocken nicht läuteten und es in Henris Haus mucksmäuschenstill war.

Auf dem Platz wurde es unruhig. Die Touristen, die vor dem Café de la Paix saßen, standen auf und reckten die Hälse. Die Männer kamen aus dem Café gerannt, Herrchen vorneweg.

Fidel hatte sich aufgesetzt, sein sonst so glattes weißes Fell schien sich zu sträuben. Er hielt die Nase in den Wind. »Riechst du es auch?«, brummte er.

Filou stellte sich neben ihn und nahm Witterung auf. Ja, da war ein Geruch in der Luft. Erst schwach, dann wurde er stärker. Es roch beißend. Ein bisschen wie die Herbstfeuer in den Gemüsegärten, versetzt mit einer scharfen Kopfnote.

»Rauch!«, rief jemand. Und dann hörte man von Ferne einen schrecklichen Laut, einen Zweiklang, an- und abschwellend, der die Hunde zu erneuter Raserei brachte.

»Die Feuerwehr!«

»Es brennt!«

Filou merkte, wie sich auch seine Haare aufstellten. Er kannte Feuer – von Kerzen. Und vom Kamin. An Feuer konnte man sich verbrennen, aber es konnte auch wärmen. Ein richtig großes Feuer hatte er noch nicht erlebt. Die Vorstellung war furchteinflößend. Die zwei Rucksacktouristen, die neben dem Denkmal standen, die Arme umeinandergelegt, schienen Ähnliches zu empfinden. »Der Feuerteufel ist wieder unterwegs«, murmelte der Mann.

»Du meinst den Irren, der die Wälder anzündet? Furchtbar«, sagte die Frau. »Und das bei dieser Trockenheit.«

Herrchen rief etwas. Marie-Thérèse, die im Café bediente, schrie auf. Alle redeten wild durcheinander.

»Es ist nicht der Wald«, sagte der Mann mit dem Rucksack. »Es ist im Dorf.«

»Um Himmels willen!«

Und dann liefen alle los, Herrchen voran, Mops Fidel hinterher. Und obwohl Filou sich fürchtete, rannte er mit. Ganz wider meine Natur, dachte er. Ich bin doch eigentlich ein Feigling, oder?

Man musste schwer aufpassen, nicht unter die Füße der Leute zu geraten, die nach unten in die Stadt liefen, über die Grande Rue, wo sich das bisschen Verkehr bereits staute, in die Ruelle des Camisards. Filou drückte sich an die Hauswand, während Fidel sich tapfer ins Gemenge stürzte. Kein Löschfahrzeug passte in das enge Gässchen, Männer in grellroter Schutzkleidung mit Helmen auf dem Kopf hatten deshalb eine Pumpe an den Feuerhydranten auf der Grande Rue angeschlossen und schickten aus langen Schläuchen gewaltige Kaskaden Wasser hoch zum Dach des Hauses, aus dem schon die Flammen schlugen. Auch die Häuser rechts und links vom Brandherd bekamen einen Wasserstrahl ab.

»Wenn sich das Feuer ausbreitet … Es kann die ganze Straße erfassen«, murmelte Herrchen.

»Alle Anwohner evakuieren!«, brüllte ein Behelmter.

Filou brauchte eine Weile, um sich in all dem Chaos zu orientieren. Die Fassade des Hauses war geschwärzt, und im Wasserdampf konnte man gerade noch sehen, dass die Fenster leuchtend rote Läden hatten. Er kannte das Haus. Er kannte es nur zu gut: Es war das Haus von Madame Le Pin, der Schneiderin. Und da stand sie, auf der Straße, neben dem Behelmten, Manon und Maxim an den Händen, die mit geröteten Wangen das Spektakel betrachteten.

Manon und Maxim. Die Unruhestifter. Die kleinen Unholde mit dem Hang zum Bösen. Filou glaubte, ein zufriedenes Lächeln auf Maxims Gesicht zu sehen.

»Wenn der Hund nicht gewesen wäre«, sagte die Schneiderin. Sie hatte Tränen in den Augen. »Wenn der treue Yapper nicht gebellt hätte …«

Yapper. Ganz altersschwach war er also doch noch nicht. Aber wo war er? Nicht, dass Filou noch Angst vor ihm hatte. Aber wenn Yapper seine Herrschaft gewarnt hatte, musste er doch irgendwo hier sein?

Er hörte ein heiseres Husten. Es kam von der Treppe, die ins brennende Haus führte. Unter der Treppe war ein Verschlag, in dem die Schneiderin den Kehrbesen aufbewahrte und eine Gießkanne, für die Blechtöpfe mit den Fleißigen Lieschen, die auf den Treppenstufen standen und schon ziemlich tot aussahen. Bei Regen konnte man hier unterkriechen. Filou schlich vorsichtig näher. Wieder hustete es. Und dann ertönte ein leises Winseln.

Filou gab einen fragenden Laut von sich. Ihm antwortete ein schrilles Kläffen, das sich fast wie Yapper in seinen besten Tagen anhörte. Aber das Kläffen verebbte in einem röchelnden Hustenanfall.

Filou arbeitete sich an der Hauswand vor, er wollte nicht allzu nass werden. Aber das war ein frommer Wunsch. Fast hätte ihn ein Dachziegel erwischt, der krachend vor seinen Pfoten zerbarst. Endlich war er unter der Treppe. Yapper hatte sich hinter der Gießkanne verkrochen und wollte sich aufrichten, als er einen seiner Erzfeinde erblickte, aber es reichte nur zu einem matten Zähnefletschen.

»Keine Zeit für Streitereien«, zischte Filou. »Du musst hier weg.«

»Kann nicht«, keuchte Yapper.

Filou packte den Dackel am Bein und zog, aber der Hund japste vor Schreck und Schmerz und schnappte nach ihm.

»Warte hier!«, rief Filou und lief hinüber zu Fidel.

Nun versuchten sie zu zweit, Yapper in Sicherheit zu bringen. Filou schob und Fidel zog, aber sie kamen nicht vom Fleck. Yappers Jammern wurde immer leiser. Sie brauchten Hilfe. Doch keiner der Menschen da draußen achtete auf sie. Niemand sah sie im Wasserdampf. Und niemand hörte sie im Rauschen des Löschwassers.

»Du holst Herrchen«, beschloss Filou. »Und ich …«

Er tat, was man tun musste in großer Gefahr. Er setzte sich an den Fuß der Treppe, hoffte, dass ihn Ziegel und Balken und Wasser verschonten, und setzte zum Großen Gesang an. Damit hatte er bereits zweimal Leben gerettet. Warum nicht ein drittes Mal?

Sein Ruf kam tief aus der Kehle – oder kam er aus einer anderen Welt? Es war ein Ton wie das Heulen des Sturms. Wie die Orgel in der Kirche. Ein gurgelnder Schrei, den er immer höher schraubte, bis er selbst in seinen Ohren schmerzte.

»Da! Die räudige Flohfalle!«, rief Manon und zeigte auf ihn. Und Maxim wollte schon loslaufen, um ihn zu verjagen. Aber Herrchen, an dem Fidel kläffend hochgesprungen war, ging dazwischen und rannte, trotz warnender Rufe der Feuerwehrleute, zur Treppe hinüber.

»Sind Sie verrückt, Mann? Das Dach macht's nicht mehr lange!«, brüllte einer. »Weg da, habe ich gesagt!«

Doch Herrchen war schon bei Filou, bückte sich und wollte ihn am Schlafittchen nehmen. Dann sah er den

Dackel und verstand. Filou, der sich auf eine längere Auseinandersetzung gefasst gemacht hatte, atmete erleichtert aus. Herrchen griff nach dem leblosen Yapper, zog ihn unter der Treppe hervor, nahm ihn auf den Arm und lief zurück hinter die Absperrung.

»Wegen eines halbtoten Köters begeben Sie sich in Lebensgefahr?« Der Feuerwehrmann schüttelte den Kopf.

Aber Madame Le Pin, die Schneiderin, brach in Tränen aus, als Herrchen ihr den Hund in den Arm legen. »Armer Yapper. Armer treuer Liebling.«

Filou sah aus den Augenwinkeln, wie Manon und Maxim einander ansahen, ganz glücklich waren sie mit dem Ausgang des Dramas offenbar nicht.

Und dann kam Fidel herbeigetrabt, stellte sich vor Madame Le Pin auf und waffte. Jetzt verlor die Frau völlig die Fassung. »Aber nein – aber das gibt's doch nicht – also so was…«

Nein, dachte Filou. Das gibt es wirklich nicht. Fidel machte Männchen. Mit Yappers rosa Strickpüppchen im Maul.

NEUNUNDZWANZIG

Held sein war anstrengend. Halb Beaulieu rief am nächsten Tag nach Filou, der sich in weiser Voraussicht versteckt hielt. Also pilgerte man zu Fidel in die Ruelle des Charmes, vorneweg Madame Le Pin, hinter ihr, unwillig, wie es aussah, ihre ungeratenen Kinder, und überschüttete den Mops mit Streicheleinheiten und Leckereien. Filou verfolgte das Ganze hinter einer Mülltonne versteckt und konnte sich nicht entscheiden, ob er das Theater urkomisch oder peinlich finden sollte. Man nannte Fidel »du tapferes Tier« und »unser Held«. Manchmal sprach man auch im Plural, von »unseren« Helden – »du und dein roter Freund« –, und Filou konnte nicht leugnen, dass ihm das gefiel.

Als Herrchen und Fidel sich endlich losreißen konnten und zum Café aufbrachen, lag Filou bereits unterm blühenden Lavendel.

»Gesalbter! Mein Held!«, murmelte er, als Fidel sich neben dem Zaun zu Boden fallen ließ. »Sogar an das vollgesabberte Spielzeug unseres guten Yapper hast du gedacht!«

»Der Hund ist alt und kraftlos. Und ist der wahre Held: Er hat im richtigen Moment gebellt.«

»Der alte Kläffer bellt immer. Der hat mich mehr als einmal durch die Gassen gejagt.«

»Ein Angstkläffer. Wahrscheinlich auch ein Angstbeißer«, sagte Fidel fachkundig. »Seine Herrschaft ist nicht stark genug. Hunde brauchen jemanden, der die Verantwortung übernimmt, weißt du. Sonst …«

»Manon und Maxim und Verantwortung? Da lachen ja die Möwen!«

Der Mops nickte. »Siehst du. Da haben wir's. Der Hund ist nicht das Problem. Der Mensch ist es. Und deshalb: Mitleid mit Yapper!«

»Du hast ein mildes Herz, Erleuchteter«, spottete Filou. »Du bist zu gut für diese Welt.«

»Ach? Immerhin bist du derjenige, der für seine Rettung gesorgt hat.«

»Ich hatte einen schwachen Moment«, murmelte Filou.

»Wer weiß? Vielleicht hast auch du ein gutes Herz«, spottete Fidel.

»Muss wohl. Jeder hat so seine Eigenheiten.«

»Dein Problem ist nicht das Herz, roter Bruder«, sagte der Mops mild. »Es ist dein Kopf. Mit dem stimmt was nicht.«

Filou kratzte sich hinter dem Ohr. Was sollte mit seinem Kopf nicht in Ordnung sein? Er saß fest auf dem Hals, die Ohren waren sauber, die Augen klar. »Wie belieben? Mein Kopf ist noch dran.«

»Sicher. Aber …«

»Aber was? Aber wie steht's mit dem Innenleben? Mit dem Hirn? Also mit dem Verstand?«

»Ach, Verstand wird überbewertet«, murmelte Filou und tatzte halbherzig nach einer Biene, die von einer Lavendelblüte zur nächsten brummte.

»Würdest du, oh Widerspenstiger, einen guten Rat von mir entgegennehmen?« Fidel hatte sich aufgesetzt. Seine Augen blitzten.

»Du kannst es ja eh nicht lassen, warum sollte ich dich hindern, Buddha?«, murmelte Filou.

»Geh dahin, wo dein Herz ist.«

Filou gähnte. »Mein Herz schlägt in meiner Brust, und das soll auch so bleiben.«

»Sehr witzig. Du weißt genau, was ich meine. Besuch den Mann, der in Marlas Haus lebt.«

»Du meinst – Henri? Aber warum?«

»Du wirst sehen, lieber Freund. Du wirst sehen.«

Als Mops und Herr nach Hause gegangen waren, dachte Filou über den guten Rat des Dicken nach. Er mochte Henri. Und Henri war einsam, so wie er selbst. So einsam, dass er mit den Steinen sprach, wenn gerade kein Kater zur Hand war. Der Kater hatte wenigstens einen Mops zum Freund. Aber wen hatte Henri?

Filou erhob sich von seinem Bett aus duftenden Lavendelblüten, buckelte, gähnte, streckte sich und sprang über das Eisengitter. Wie zur Bestätigung begann eine Amsel zu singen. Sie saß oben auf dem Obelisken und schaute mit ihren schwarzen Knopfaugen auf ihn herab.

»Soll ich, Amsel?«, fragte er. Sie antwortete mit einem langen Triller.

Filou machte sich auf zum Roche du Diable.

DREISSIG

Oben auf dem Felsen fuhr ihm ein kühler Nordwind durchs Fell. Das war alles. Kein Henri und auch sonst niemand da. Er legte sich auf seinen Beobachtungsposten. Von hier aus blickte man in das aufgerissene Dach des Hauses von Madame Le Pin, auf schwarze Dachbalken und zerborstene Ziegel. Das Feuer war gelöscht, aber das Haus sah ziemlich unbewohnbar aus. Madame, Maxim und Manon waren zu Verwandten nach Monreal gezogen, bis die Aufräumarbeiten fertig waren, hatte Fidel erzählt.

Manon und Maxim. Er hatte Fidel von seinem Verdacht erzählt.

»So ein Unsinn! Auf solche Ideen kann nur eine rote Katze kommen!«

Wenn er Filou eine rote Katze nannte, wollte er beleidigend sein. Doch Filou dachte nicht daran, mit gleicher Münze heimzuzahlen.

»Erhabener, wenn du erlaubst: Ich habe in der Vergangenheit viel von den beiden erdulden müssen.«

»Kinder meinen das nicht böse. Die wollen nur spielen«, sagte der Mops kategorisch.

»Jaja, ich weiß, genau wie all die Unschuldslämmchen, die ihrer Herrschaft nicht gehorchen. Während sie unsereins jagen, schreien Herrchen und Frauchen sich heiser.«

»Katze, du verstehst nichts von den Menschen.«

»Mops, du glaubst zu sehr ans Gute.«

Sie hatten einander angefunkelt.

Fidel lenkte schließlich ein. »Weißt du – kleine Menschen verfügen oft noch nicht über das Einfühlungsvermögen, das man braucht, um anderen Geschöpfen mit Respekt zu begegnen«, dozierte er.

Maxim und Manon und Einfühlungsvermögen? Sie wussten, was wehtat. Das sprach für eine gewisse Sensibilität. Nur ging die irgendwie in die falsche Richtung.

Vielleicht waren die beiden einfach nur – böse. Gab es das, das Böse? Fidel hätte gewiss eine Antwort parat. Aber Filou war sich nicht sicher, ob er die auch hören wollte.

Er riss sich los vom Anblick Beaulieus und machte sich an den Abstieg. Wenn er Henri besuchen wollte, musste er dorthin gehen, wo sein Herz war – nein, wo sein Herz wehtat.

Er huschte durch die Hecke, durch die erste, durch die zweite. Heutzutage passte er mühelos durch jede Lücke. Der Garten lag im Mondlicht wie weißgepinselt. Aus dem Haus drang warmes Licht. Er schlich sich vor zur Terrasse. Und wäre vor Schreck fast aus dem Stand bis zum Dach gesprungen. Ein Ungeheuer stellte sich ihm in den Weg, es musste riesig sein, wenn man nach dem Schatten ging, den es warf. Filou keuchte, kauerte sich auf den Boden, wich ein paar Schritte zurück. Was war das? Es fauchte und spuckte und knurrte.

»Keinen Schritt weiter«, hörte er eine Stimme hinter sich sagen. Ein weiteres unbekanntes Wesen. Wieso hatte Henri ihm verschwiegen, dass er nicht mehr allein lebte?

»Wer seid ihr?«, stotterte er. Er hörte ein Rascheln und ein leises Lachen.

»Der Held von Beaulieu fürchtet sich?«

Der Schatten verschwand, weil etwas Dunkles die Gartenlampe verdeckte. Aber noch immer fauchte und knurrte etwas.

»Der Große hat Angst vorm Kleinen?«, höhnte die Stimme.

Filou kniff die Augen zu und riss sie gleich wieder auf. Vor ihm hockte ein winzig kleines Wesen, das sich aufgeplustert hatte, damit es größer wirkte. Es hatte die Ohren angelegt und zeigte die Zähne. Und es war rot. So rot wie Filou.

»Und jetzt gib Ruhe, Felix«, sagte die Stimme hinter ihm. »Du hast unser Revier tapfer verteidigt. Aber das hier ist kein Feind. Das ist dein Vater.«

Der Schatten vor der Gartenlampe verschwand. Mit einem eleganten Sprung stand Josephine vor ihm.

EINUNDDREISSIG

Die nächtliche Begegnung mit Josephine und Felix hatte Filou die Sprache verschlagen. Nachdem sie ihn ins Haus gelotst hatte, gefolgt von seinem immer noch misstrauischen Sohn, verkroch er sich hinters Sofa und hörte auch am nächsten Morgen weder auf Henris Lockrufe noch auf Josephines zartes Maunzen. Schließlich setzte sie sich vors Sofa und erzählte ihm die ganze komplizierte Geschichte.

»Wo soll ich anfangen? Ich habe erst gar nicht begriffen, dass du fort warst. Als wir in Paris angekommen sind, habe ich das ganze Atelier nach dir abgesucht. Ich habe sogar in Ivonnes Farbtöpfe geschaut. Monpti wäre übrigens einmal fast in den gelben gefallen, er hat ihn gerade noch rechtzeitig umgeworfen, aber du kannst dir denken, was das für ein Theater war, als die gelbe Farbe über Ivonnes Schreibtisch lief.«

Ja, das konnte er. Filou konnte Ivonne *hören*, wie sie sich über das Katzengesindel aufregte.

»Lucrezia hat die ganze Zeit herumgestänkert. Was für ein Hallodri du wärst, und man hätte sich noch nie auf dich verlassen können. Na, du kennst das ja. Frederick hat gesagt, dass du eben ein freiheitsliebendes Tier wärst, und Ivonne meinte, man könne Herumtreiber nicht mehr an das Leben in einer Wohnung gewöhnen, das sähe man ja an dir und vielleicht wäre das alles besser so. Mit vier Katzen könne sie es gerade noch aushalten.«

Siehst du, dachte Filou. Genau deshalb bin ich ja gegangen. Und glaub bloß nicht, dass mir das leichtgefallen ist.

»Monpti und Mabelle haben sich am schnellsten eingewöhnt. Wenn du sehen könntest, wie groß die beiden geworden sind! Und wie schwer! Liegen den ganzen Tag auf dem Sofa, wie Lucrezia. Die werden bald so fett sein wie sie, wenn sie nicht aufpassen. Frederick nennt sie jetzt schon ›Dick und Doof‹. Ach, übrigens, Frederick arbeitet jetzt in einem *Salon*. Einem Salon für historische Autos. Da kann er endlich sein ganzes Können einbringen, sagt er.«

Ja, schon gut, dachte Filou ungeduldig. Aber was ist mit Marla?

»Ach, ich bin dann übrigens auch immer dicker geworden. Aber aus anderen Gründen. Was glaubst du, wie lange das gedauert hat, bis die gemerkt haben, dass ich schwanger war! Marla ist als Erste draufgekommen. Sie hat mir eine weiche Höhle in ihrem Kleiderschrank gebaut. Und weißt du, was passiert ist, als es so weit war bei mir? Sie hat nach mir geschaut und mich gestreichelt. Und genau in diesem Moment wollte Felix heraus. Er ist ihr in die Hand geplumpst.«

Filou richtete sich auf und spitzte die Ohren. Er erinnerte sich. Es war ein wunderbarer Tag gewesen, als Jo begonnen hatte, sich seltsam zu verhalten.

»Sie hat ihn Felix getauft. Der Glückliche.«

Sie hatte ihn gejagt. Erst war es ein Spiel gewesen. Aber dann …

»Dabei war sie selbst gar nicht glücklich. Und ich auch nicht.«

Dann war es geschehen. Und Felix war das Resultat. Sein Sohn. Filou spürte dem Gefühl nach, das ihn plötzlich überwältigte und das er gar nicht kannte. Stolz.

»Und – du wirst es nicht für möglich halten, Dickerchen …«

Dickerchen. Filou seufzte in sich hinein.

»Ich habe dich vermisst!«

Er wusste nicht, was ihn mehr rührte: sein Sohn, ihr Geständnis oder der Klagelaut, der es begleitete.

»Und eines Tages war Marla dabei, als Ivonne mit jemandem telefoniert hat. Und da hat sie es gehört. Dass du zurück in Beaulieu bist. Dass ihr Helden seid, du und Fidel. Und dass du trauerst. Dass du einsam bist.«

Marla wusste es also, dachte Filou. Aber warum ist sie dann nicht gekommen? Warum hat sie nicht nach mir gesucht? Aber er wusste die Antwort. Weil du jetzt erwachsen bist, Flohfalle, schalt er sich.

»Das hat sie noch trauriger gemacht. Ich hab mein Bestes getan, das kannst du dir denken. Und Felix auch. Aber nichts half.«

Ach, Marla, dachte Filou. Arme liebe Marla.

»Aber dann hatte sie eine Idee! Sie hat Henri gefragt. Weißt du überhaupt, dass Henri ein Freund von Frederick ist? Deshalb haben sie ihm das Haus vermietet. Marla weiß, wie einsam er ist. Also hat sie ihn gefragt, ob ich bei ihm wohnen kann.«

So war das also gewesen.

»Und wir alle haben gehofft, dass du dich mal blicken lassen würdest.« Sie schniefte. »Frederick hat mich nach Beaulieu gebracht – stell dir vor: in einem *historischen* Auto! Ehrlich gesagt: So roch es auch.«

Wann war das alles, wollte Filou fragen. Seit wann bist du hier? Und wie gefällt es Felix, dass er neuerdings einen Vater hat?

»Und dann waren wir endlich da. Und was ist? Der heldenhafte Vater, von dem man dem Sohn erzählt hat, lässt auf sich warten. Und als er endlich nach Hause kommt, verkriecht er sich hinter das Sofa. Und auf so einen Vater soll der Kleine stolz sein?«

Beschimpf mich nur, dachte Filou beschämt. Ich habe die guten Nachrichten nicht hören wollen. Ich hätte längst bei euch sein können. Ich Idiot. Wahrscheinlich hat Fidel recht: Irgendetwas stimmt nicht mit meinem Kopf.

»Und jetzt Schluss mit dem Versteckspiel. Komm raus, du Feigling!«, fauchte Josephine.

Er kroch hinter dem Sofa hervor, verstaubt und verlegen. Und da wartete sie auf ihn, die schönste Katze

der Welt, mit glänzendem Fell und aufgestellten Öhrchen und zärtlichem Schnurren. Bevor er sich aufrichten konnte, war sie bei ihm, legte ihm die Pfote über die Schulter und liebkoste ihn mit weicher Zunge. Er ließ sich sinken. Lag auf dem Rücken, ergeben. Und endlich wollte sich warmes Glücksgefühl in ihm ausbreiten, als sie ihn ins Bein biss. Und dann jagte sie ihn durchs Wohnzimmer, bis sie endlich japsend und erschöpft einschliefen.

ZWEIUNDDREISSIG

Was für ein Sommer. Die Äpfel waren geerntet, die Rosen sammelten ihre Kräfte für die zweite Blüte, und die Hitze war einer milden Wärme gewichen. Filou lag im Garten in der Sonne und schaute Felix zu, der auf ihm herumturnte und versuchte, Vaters peitschenden Schwanz zu fangen. Das war der Lieblingssport des Katerchens geworden.

»Man sieht gar nicht, wo du aufhörst und wo der Kleine anfängt, Dickerchen«, schnurrte Josephine. Dickerchen! Wie er das hasste! Doch sie hatte recht: Er hatte wieder zugelegt. Noch sprang er höher als der Kleine, aber das würde sich bald ändern: Felix war ein Ass beim Bällchenspiel.

Alles war gut. Aber alles könnte noch besser sein, dachte Filou. Wenn Marla zu Besuch käme. Und wenn Henri glücklich wäre.

Dabei gaben sie sich alle drei die größte Mühe. Filou lief mit, wenn Henri auf den Roche du Diable stieg. Josephine lag auf seinem Schoß, wenn er auf dem Sofa saß und las, während Felix in seinen Haaren spielte. Henri schien das zu gefallen, er kuschelte mit ihnen, und manchmal lachte er sogar. Aber wie traurig er war, konnte man hören, wenn er spielte.

Er spielte neuerdings öfter Klavier als Cello. Eigentlich mochte Filou das Cello lieber, diesen glänzenden Holzkasten, der so wunderbar vibrierte, wenn Henri mit dem Bogen über die Saiten fuhr. Josephine musste Felix mit mütterlicher Gewalt daran hindern, den provozierend hin- und herfahrenden Bogen anzuspringen. Ob Henri deshalb das Klavier bevorzugte? Auch Filou hatte mittlerweile dessen Vorzüge zu schätzen gelernt.

Er spitzte die Ohren. Henri spielte ein Stück, das er besonders liebte.

Also jagte er Felix auf den Mimosenbaum, damit er beschäftigt war, denn hinauf ging es leichter als herunter, und schlich sich ins Haus. Henri trug schwarze Jeans, das weiße Hemd stand offen, und er beugte sich tief über die Tasten. Filou lief hinüber, federte hoch und landete oben auf dem Klavier, wo er genau beobachten konnte, was Henri machte. Aber vor allem genoss er die Schwingungen unter ihm, die den Genuss verstärkten, den schon die Töne ihm bereiteten.

Henri fing schön langsam an, mit einem Basslauf, der Filou erschauern ließ. Die perlenden Kaskaden danach kitzelten eher, aber der jubelnde Schlussakkord erschütterte ihn zutiefst.

»Filou, du überraschst mich. Ich wusste nicht, dass Katzen Musik mögen. Was man Katzenmusik nennt, ist ja nicht wirklich schön, oder?«

Katzenmusik gibt es nicht, dachte Filou. Was die

Menschen dafür halten, ist Kampfgeschrei. Und das muss nicht schön sein, es soll schließlich Angst und Schrecken verbreiten.

»Magst du das hier?«, fragte Henri und stimmte etwas an, das heiter klang, wie ein Bach, der Wasser führt, nicht zu viel und nicht zu wenig. »Fleur hat es geliebt. Ich habe es ihr zu ihrem sechsundzwanzigsten Geburtstag geschrieben.«

Henri ließ die Hände sinken. Dann schlug er sie vors Gesicht, stand auf und lief hinaus.

»Das geht so nicht weiter.« Josephine klang ausgesprochen energisch. »Wenn Henri trauert, ist mit dir nichts anzufangen. Kannst du nicht mal ein bisschen weniger empfindsam sein? Es ist Sommer, niemand hungert und friert, dein Sohn wird einmal so schön sein wie du, aber du machst auf Trauerkloß.«

Filou ließ den Kopf hängen. Sie hatte ja recht.

»Wenn Henri traurig ist, muss man was dagegen tun. Er sollte nicht allein sein. Er braucht einen Menschen.«

»Aber wenn doch seine Frau gestorben ist!«

»Das ist kein Argument. Es gibt noch andere Menschen.«

»Aber es besucht ihn niemand. Er ist fremd hier in Beaulieu.«

»Dann muss man das ändern«, befand Josephine. »Wozu hat man Freunde?«

»Man« hatte keine Freunde. Es gab nur einen: Filous Freund Fidel.

»Wie wär's, wenn du Fidel bittest, mit Herrchen zu Besuch zu kommen?«

Filou sah an Josephines glänzenden Augen, dass sie ihre Idee ganz großartig fand. Widerspruch war also zwecklos. Und so machte er sich auf den Weg zu ihrem alten Treffpunkt vorm Café de la Paix.

»Die rote Katze ist stattlich geworden«, bemerkte Fidel, der schon vorm Kriegerdenkmal lag und gedöst hatte.

»Das sagst ausgerechnet du?« Fidel hatte kein Gramm abgenommen, seit sie sich zuletzt gesehen hatten.

Der Mops gähnte. »Das gute Leben bekommt dir. Kein Wunder, dass man dich kaum noch sieht.«

»Du könntest ja auch mal was tun für die Freundschaft. Wie wär's, wenn du zu uns zu Besuch kämst? Mit Herrchen?«

»Jetzt gleich? Da ist er!« Der Mops führte sein übliches Theater auf, als er Herrchen aus dem Café kommen sah.

»Ah, unser roter Bruder! Hab schon gehört von der erfolgreichen Familienzusammenführung!« Herrchen bückte sich und strich Filou über den Kopf. »Schön, wenn es ein Happy End gibt.«

Doch leider stellte er sich verblüffend begriffsstutzig an, als Fidel auf kein Rufen und Pfeifen hörte und beharrlich eine Richtung einschlug, die nicht nach Hause führte. Er begriff erst, als sie bereits am Gartentor angelangt waren und Josephine und Felix sie formvollendet begrüßten.

»Ach, jetzt versteh ich! Filou will mir seine Familie zeigen. Wie nett!«

Doch Fidel strebte weiter, auf die Terrasse zu. Und dann verschwand er durch die offene Terrassentür ins Haus.

»Dieser Hund ist ein Flegel!«, rief Herrchen, aber er tat, was er tun sollte: Er folgte dem Flegel, der sich bereits vor Henri aufgebaut hatte.

»Nanu?«, sagte der. Doch als Filou sich neben den Mops setzte, begriff er. »Ketchup und Mayo – ich versteh! Schön, dich kennenzulernen!« Er schüttelte Fidel die majestätisch ausgestreckte Pfote.

Herrchen, der dem Flegel notgedrungen nachgelaufen war, räusperte sich.

»Verzeihen Sie den Überfall, ich habe versucht, meinen Hund am Eindringen zu hindern, aber Sie sehen ja …« Er streckte Henri die Hand hin. »Ich bin Marcel Toufache aus der Ruelle des Charmes.«

»Henri de Chapeaurouge«, sagte Henri. »Ihr Besuch freut mich. Ich wollte gerade Feierabend machen – darf ich Sie auf einen Aperitif einladen?«

»Siehst du – es klappt«, schnurrte Josephine, die mit Felix auf dem Sofa thronte, während Fidel und Filou als braves Fußvolk auf dem Boden lagen.

Ja, es klappte. Marcel und Henri verstanden sich wunderbar. Man redete über dies und das. Zum Beispiel über die neue A-Klasse.

»Unzweifelhaft ein schönes Auto, aber nichts für Herr und Hund.« Herrchen, bedauernd.

Über die Vorzüge eines guten Burgunders im Vergleich mit einem Bordeaux.

»Das Bordeaux ist überschätzt. Und mit den Preisen, die die Amerikaner und Chinesen zahlen, kann ich nicht mithalten.« Henri, kritisch.

Über Zigarren. »Also, es geht nichts über eine gute Havanna.« Herrchen.

Über Rückenschmerzen, Sport (Herrchen war dagegen), Musik (Herrchen verstand nichts davon) und alte Häuser (Henri bekannte sich zu zwei linken Händen, wenn es ums praktische Handwerk ging). Josephine und Felix waren darüber bald eingeschlummert, Fidel schnarchte auch schon, und Filou dämmerte ebenfalls langsam weg.

Endlich verabschiedete sich Herrchen. Henri setzte sich zu Josephine und Felix aufs Sofa und war drei Minuten später eingeschlafen.

»Das wird der Alkohol gewesen sein«, flüsterte Filou.

Josephine gähnte. »Oder das aufregende Männergespräch.«

DREIUNDDREISSIG

Henri braucht keinen Besuch. Er braucht eine Frau«, verkündete Josephine nach dem Frühstück, das heute später als sonst serviert wurde. Henri hatte verschlafen und wirkte nicht unbedingt glücklicher als gestern.

»Aber Fleur ...«

»Fleur ist nicht die einzige Frau der Welt, oder?«

Filou sah Josephine liebevoll an. Sie war keine Romantikerin, wirklich nicht. Sie würde nie verstehen, warum es manchmal nur eine einzige gab – so wie sie die einzige für ihn war.

»Also! Schalt dein Gehirn ein! Wer käme in Frage?«

Filou musste sie völlig entgeistert angestarrt haben, jedenfalls stupste sie ihn in die Seite und zischte: »Mach den Mund zu, es zieht.«

»Ich weiß nicht«, sagte er zweifelnd.

»Dann denk nach!« Josephine ließ ihren Schweif wie ein Schwert durch die Luft sausen. »Was hat Beaulieu einem Mann wie ihm zu bieten?«

Filou folgte im Geist seinen Lieblingswegen durch Beaulieu. Als er bei der Grande Rue angelangt war, stieg ihm der Duft von frischem Brot und Croissants in die Nase.

»Marie-Lou! Die Bäckersfrau!«

»Dummkopf! Die ist verheiratet und außerdem viel zu alt!«

Aus dem Garten nebenan erscholl Kindergeschrei. Eines der Kinder schrie wie eine Heulboje. »Die Kindergärtnerin?« Zaghaft.

»Die? Die will ich nicht im Haus haben! Die hat Felix verjagt, als er in der großen Sandkiste gespielt hat!«

Ja, Filou erinnerte sich an ähnliche traumatische Erfahrungen.

Madame Le Pin, die Schneiderin? Den Vorschlag machte er erst gar nicht, schon wegen Manon und Maxim.

»Sie sollte jung sein, nicht verheiratet, keine Kinder«, zählte Josephine auf. »Sie muss Katzen mögen.«

»Und Musik.«

»Meinetwegen.«

Filou wanderte in Gedanken weiter die Grande Rue hinunter. Brunos Bar war sicher nicht der geeignete Ort, um nach einer Traumfrau für Henri zu fahnden, es gab dort zwar eine Aushilfskellnerin, aber die war stets schlecht gelaunt und roch nicht gut.

Und dann erschien vor seinem inneren Auge ein zauberhaftes Wesen. Schön wie die aufgehende Sonne. Sie hatte lange dunkle Zöpfe und zärtliche Hände und putzte jeden Morgen, bevor die Gäste kamen, die Tische und die Stühle vorm Café in der Rue des Fleurs. Sie hieß Isabelle. Man nannte sie auch Isabo.

»Isabo? Klingt gut«, sagte Josephine. »Ich seh sie mir an.«

Sie ließen Felix im Papierkorb zurück, wo er selig schlummerte, und verließen das Haus. Filou trabte mit aufgeplustertem Schweif an der Seite der schönsten Katze der Welt durch Beaulieu und war unanständig stolz, wenn die Touristen bei ihrem Anblick in Entzückensschreie ausbrachen und sie streicheln wollten. Die Menschen, die vor dem Café saßen, versuchten es mit Bestechung: Croissants, Kuchen, Schinkenbrot. Doch Josephine ignorierte alles und stiefelte hoch erhobenen Hauptes ins Café. Isabelle, die mit einem beladenen Tablett nach draußen eilen wollte, wäre fast über sie gestolpert.

»So machst du dich nicht gerade beliebt«, murmelte Filou, wofür er sich einen Tatzenhieb einhandelte.

Mit einem beladenen Tablett kam Isabelle zurück, diesmal mit benutztem Geschirr. Ihr Gesicht war sanft gerötet, die Zöpfe hatten sich bereits aufgelöst, und sie wirkte nicht wie jemand, der Zeit für ein paar Katzen auf Besuch hatte. Das ging eine Weile so hin und her, und Filou wollte Josephine gerade überreden zu gehen.

Doch endlich stellte Isabelle das Tablett auf den Tresen, ließ sich vom Mann an der Bar einen Milchkaffee zubereiten und setzte sich aufstöhnend an einen Tisch in der Nähe.

»Übernimmst du jetzt bitte, Jean-Claude? Ich muss mal Luft holen.«

Josephine erlaubte Isabo noch, Zucker in die Tasse zu tun und umzurühren. Dann sprang sie mit einem eleganten Satz auf den Tisch, setzte sich, legte den Schwanz um die Vorderpfoten und sah sich die Frau lange und gründlich an.

»Guten Morgen, du Schöne.« Isabelle lächelte, goss Milch in eine Untertasse und schob sie Josephine hin. Filou sah gebannt zu, wie die wunderbare Isabelle ihren Kaffee trank und die herrliche Josephine mit unnachahmlicher Eleganz die Untertasse sauber leckte. Es war ganz offenbar Liebe auf den ersten Blick. Der erste Schritt war getan. Aber was war der nächste?

VIERUNDDREISSIG

Isabo ist großartig.«
»Stimmt.« Josephine lag neben Felix und Filou unter dem Mimosenbaum und reinigte sich die Pfoten. »Jetzt müssen wir nur noch dafür sorgen, dass die beiden sich begegnen.«

»Wir schicken Henri ins Café.« Filou versuchte, seinen Schweif vor Felix' kleinen Krallen in Sicherheit zu bringen.

»Unter welchem Vorwand, mon chou?«

»Nun …« Er blinzelte in den Himmel, der sich zugezogen hatte. Es würde ein Gewitter geben, er spürte das in den Barthaaren.

»Eben. Wie wäre es stattdessen, wenn wir Isabelle zu uns locken würden?«

»Gute Idee. Aber wie?«

In der Ferne hörte man leises Donnergrollen. Josephine hatte den quiekenden Felix in den Schwitzkasten genommen und leckte ihm energisch das Gesicht. Dann sah sie auf. »Ich hab's!«

Felix war begeistert von ihrem Plan. Filou hatte Bedenken. Doch er zählte nicht. Und während Filou im Haus seinen Posten auf dem Klavier bezog und Henri zuhörte, der wieder einmal die traurigsten Weisen spielte, gingen Mutter und Sohn daran, den Plan in die Tat umzusetzen.

Der Donner rollte näher. Henri rang seinem Klavier Klänge ab, die wie Salz in der Wunde brannten. Und Filou wurde langsam unruhig. Wo blieb Josephine? Und was, wenn ihr Plan nicht gelang?

Als das Gewitter direkt über ihren Köpfen zu sein schien und endlich der ersehnte Regen losbrach, hielt er es nicht mehr aus und lief hinaus. Im grellen Blitz sah er Josephine auf die Terrasse springen. »Sie kommen!«, flüsterte sie. Und schon schellte es an der Haustür.

Isabelles dicker Zopf war nass geworden, aber Felix hatte unter ihrem T-Shirt im Trockenen gesessen und lugte nun aus ihrem Ausschnitt. Henri schien fasziniert von diesem Anblick, denn er schaute immer wieder hin, als er Isabelle ins Haus komplimentierte.

»Mademoiselle ... Und das bei diesem Regen ... so ein kleiner Racker ... ich bin Ihnen sehr dankbar ... so setzen Sie sich doch ... Warten Sie, ich hole ein Handtuch ...«

Isabelle musste sich an den Küchentisch setzen, und Josephine sprang auf die Anrichte, um zuzusehen, wie Henri, der stille, melancholische Henri, wie ein aufgescheuchtes Huhn durchs Haus lief. »Siehst du, Dickerchen?«, wisperte sie. »Es klappt!«

Henri holte ein Handtuch. Henri lief in die Küche

und setzte Wasser auf, für einen heißen Tee. Henri lief in sein Schlafzimmer und brachte Isabelle einen Morgenrock von Fleur, damit sie was Trockenes anziehen konnte. Henri brachte sich schier um.

»Wo haben Sie den kleinen Abenteurer denn gefunden?«

»Ich arbeite im Café in der Rue des Fleurs. Sie kennen es vielleicht? Neben dem Maison de la Presse?«

»Natürlich. Gewiss. Auch wenn ich noch nie dort gewesen bin. Ich – war lange nicht mehr in einem Café«, stotterte Henri verlegen.

»Ach, bei uns sitzen meistens die Touristen. Die Nachbarn gehen eher ins Café de la Paix.«

»Dann haben Sie sicher viel zu tun?«

Isabo lachte. »Weiß der Himmel. Ich hatte gerade Pause, hab mir einen Grand Crème gemacht, bin zu meinem Tisch in der hintersten Ecke gegangen – und da saß der kleine rote Kerl und maunzte ganz herzzerreißend.« Sie versuchte, Felix aus ihrem T-Shirt zu befreien. Aber der Kleine wusste, was von ihm erwartet wurde. Er schrie mitleiderregend auf. Er klammerte sich an ihre Hand. Er rieb sein Köpfchen an ihr und schnurrte, als sie ihn streichelte.

»Sehen Sie? So macht er es schon die ganze Zeit! Ich kam gar nicht mehr zum Arbeiten!«

Henri versuchte, Felix zu locken.

»Die Touristen fanden das natürlich süß – die Bedienung mit Kätzchen im Ausschnitt.«

Henri hob den Kopf. Und siehe da – er lächelte. »Kann ich verstehen«, murmelte er.

Isabelle sah aus, als würde sie erröten. »Ja willst du denn nicht zu deiner Maman, Kleiner«, flüsterte sie. »Sieh nur: Da sitzt sie und wartet auf dich!«

Aber Felix ignorierte seine Maman. »Guter Junge«, schnurrte Josephine.

Wieder sprang Henri in die Küche, um ein Schälchen mit Katzenmilch zu holen. Filou zwinkerte Felix zu. Isabelle sah mit dem Handtuch um den Kopf fast noch schöner aus als sonst. Kein Wunder, dass Felix an seinem Platz blieb. Und er rührte sich auch nicht, als Henri das Schälchen vor ihn auf den Tisch stellte.

»Ich bin stolz auf dich, mein Sohn«, flüsterte Filou.

»Ich wusste nicht, wo der Kleine hingehörte. Keiner der Gäste wusste das.«

»Armer kleiner Felix«, murmelte Henri zärtlich, aber er sah dabei Isabelle an.

»Und dann fiel mir die Katze ein, die am Tag zuvor ins Café gekommen war. Ihre Katze. Die Glückskatze.«

Isabelles Gesicht war jetzt sanft gerötet, sie hatte die Hände um den Becher gelegt, den Henri vor sie auf den Tisch gestellt hatte. »Ich hatte den Eindruck, dass die Katze mir etwas erzählen wollte, verstehen Sie?« Sie lachte verlegen.

Aber Henri nickte. »Sie wissen mehr über uns, als wir uns klarmachen«, sagte er. »Filou hier …« Er schluckte. Dann schüttelte er den Kopf. »Ich weiß, das klingt seltsam, aber ich bin mir sicher, dass er mich trösten wollte, als …« Verlegen brach er ab.

Isabelle streckte die Hand aus und legte sie ihm auf den Arm. »Als Ihre Frau starb. Ich habe davon gehört. Mein Beileid, Monsieur …«

»Henri«, sagte er hastig.

»Isabelle.« Die beiden schwiegen. Und redeten in der nächsten Minute gleichzeitig aufeinander ein. Menschen sind sonderbar, dachte Filou. Aber er war gerührt.

»Und die Glückskatze hatte ich schon einmal in Ihrem Garten gesehen, also …«

»Und deshalb …«

»Genau.«

»Also …«

»Deshalb bin ich hier. Und dann bin ich auch noch in den Regen geraten«, sagte Isabelle schüchtern.

»Ich bin Ihnen unendlich dankbar«, stotterte Henri.

Isabelle lächelte. Henri lächelte. Und dann schwiegen sie wieder.

Josephine wurde unruhig. »Tu was«, zischte sie und fixierte Filou, der neben sie auf die Anrichte gesprungen war.

»Soll ich vielleicht Männchen machen? Singen? Klavierspielen?«, flüsterte er zurück. Aber er wusste selbst, dass irgendetwas geschehen musste, damit ihr Plan aufging.

»Danke für den Tee«, sagte Isabelle endlich und

stand auf. Als sie das Handtuch vom Kopf nahm, ringelten sich die nassen Locken um ihr Gesicht. »Und jetzt …«

Wieder versuchte sie, Felix ins Freie zu befördern, der zufrieden aus ihrem T-Shirt schaute. Und endlich gelang es ihr. Protestierend ließ der Kleine sich neben Josephine auf die Anrichte setzen. Da saßen sie nun zu dritt und wussten nicht weiter.

»Sie beobachten uns«, flüsterte Henri. »Was wollen sie nur?«

Felix greinte noch immer. »Lad sie ein wiederzukommen, du Schnellmerker«, zischte Josephine.

»Ich weiß es auch nicht«, murmelte Isabelle und kraulte Felix' Köpfchen, der Anstalten machte, ihr wieder auf den Arm zu springen. »Ich hab das noch nie erlebt – so viel Anhänglichkeit.« Sie klang fast sehnsüchtig.

»Vielleicht kommen Sie nochmal vorbei, um nach dem Kleinen zu schauen? Wenn es Ihre Zeit erlaubt?«

Isabelle zögerte. Felix maunzte.

»Gleich morgen?«

Jo, Filou und Felix hielten den Atem an.

»Morgen habe ich Unterricht, da bin ich nicht im Café«, sagte Isabelle langsam. »Aber danach … wenn Sie wollen …«

Henri hielt noch immer das nasse Handtuch in der Hand. »Unterricht?«, fragte er.

Isabelle errötete. »Ich nehme Gesangsstunden.«

Man hätte eine Stecknadel zu Boden fallen hören.

»Bei Madame Rougemont. Deshalb arbeite ich im Café. Und wenn ich die Aufnahmeprüfung bestehe ... Aber was erzähl ich da.« Isabelle schüttelte energisch den Kopf und strich sich das T-Shirt glatt. »Der Regen hat aufgehört. Ich muss nach Hause.«

Josephine sprang von der Anrichte und strich um ihre Beine, während Henri sie zur Tür begleitete. »Soll ich Sie nicht ...«, fragte er leise.

»Danke, ich hab's nicht weit.«

Henri blieb noch lange in der Tür stehen, während die schöne Isabo schon längst in der Dunkelheit verschwunden war.

Die Nacht war sternenklar. Der Garten duftete. Und Henri spielte endlich wieder Cello.

FÜNFUNDDREISSIG

Isabelle kam am nächsten Tag. Und am übernächsten Tag. Manchmal holte Filou sie im Café ab, manchmal Josephine, immer war Felix dabei, und oft kamen sie sogar zu dritt. Die Touristen waren begeistert, wenn sie die kleine Prozession sahen. Und die Einheimischen, die nachmittags an der Theke standen und ihren Pastis, kleinen Roten oder starken Schwarzen tranken, tuschelten.

»Unsere Isabo! Und dieser Musiker!«, sagten die einen.

»Passt doch!«, meinten die anderen.

Ja, es passte. Aber als es endlich geschah, hatte Josephine längst nicht mehr damit gerechnet. Filou auch nicht. Und Felix verstand sowieso nicht, was das ganze Theater sollte. Isabo kam regelmäßig und spielte mit ihm, das reichte doch, oder?

Eines Tages spielte Henri Klavier. Und Isabo sang. Henri spielte Cello, in schmelzenden Tönen, so wie nie, dachte Filou. Und Isabo sang. »Ich will deiner harren, bis du mir nah- und harrest du dort oben, so treffen wir uns da, so treffen wir uns da.«

Er hatte noch nie eine solche Innigkeit erlebt zwischen zwei Menschen. Und noch nie etwas gehört, das ihm so traurig vorkam wie »Solveigs Lied«. Doch obwohl man spürte, wie tief es Henri berührte, wenn Isabo von Treue bis in den Tod sang, spielte er es immer wieder.

Eines Tages lag Filou allein unter dem Mimosenbaum, als das Lied erklang. Er spitzte die Ohren und lauschte. Isabo sang, so schön wie immer. Doch Henris Cellospiel klang anders. Nicht mehr nach Trauer. Nicht mehr nach Abschied.

Filou wollte schon ins Haus laufen, nachschauen, was passiert war, als er ein Geräusch hörte. Jemand stand am Gartentor. Leise stand er auf und schlich hinüber. Das Gartentor öffnete sich. Eine schmale Hand stellte einen Koffer auf den Gartenweg. Filou sah blonde Haare, die über ein herzförmiges Gesicht fielen.

Marla. Und dann kniete sie neben ihm und nahm ihn auf den Arm.

»Ich hab dich nicht vergessen«, flüsterte sie.

Ich dich auch nicht, dachte Filou.